Descobrir Jogos Online Grátis

Disponível Aqui:

BestActivityBooks.com/FREEGAMES

5 DICAS PARA COMEÇAR

1) CÓMO RESOLVER LAS SOPA DE LETRAS

Os puzzles têm um formato clássico:

- As palavras estão escondidas sem espaços ou hífenes,...
- Orientação: As palavras podem ser escritas para a frente, para trás, para cima, para baixo ou na diagonal (podem ser invertidas).
- As palavras podem sobrepor-se ou intersectar-se.

2) APRENDIZAGEM ACTIVA

Ao lado de cada palavra há um espaço para anotar a tradução. Para encorajar a aprendizagem activa, um **DICIONÁRIO** no final desta edição permitir-lhe-á verificar e expandir os seus conhecimentos. Procure e anote as traduções, encontre-as no puzzle e adicione-as ao seu vocabulário!

3) MARCAR AS PALAVRAS

Pode inventar o seu próprio sistema de marcação - talvez já use um? Pode também, por exemplo, marcar palavras difíceis de encontrar com uma cruz, palavras favoritas com uma estrela, palavras novas com um triângulo, palavras raras com um diamante, e assim por diante.

4) ESTRUTURANDO A APRENDIZAGEM

Esta edição oferece um **CADERNO DE NOTAS** prático no final do livro. Nas férias, em viagem ou em casa, pode facilmente organizar os seus novos conhecimentos sem a necessidade de um segundo caderno!

5) JÁ TERMINOU TODAS AS GRELHAS?

Nas últimas páginas deste livro, na secção **DESAFIO FINAL**, encontrará um jogo gratuito!

Rápido e fácil! Consulte a nossa colecção de livros de actividades para o seu próximo momento de diversão e **aprendizagem**, a apenas um clique de distância!

Encontre o seu próximo desafio em:

BestActivityBooks.com/MeuProximoLivro

Aos vossos lugares, preparem-se...Vão!

Sabia que existem cerca de 7.000 línguas diferentes no mundo? As palavras são preciosas.

Adoramos línguas e temos trabalhado arduamente para criar livros da mais alta qualidade para si. Os nossos ingredientes?

Uma selecção de tópicos adequados à aprendizagem, três boas porções de entretenimento, e depois acrescentamos uma colherada de palavras difíceis e uma pitada de palavras raras. Servimo-los com amor e máximo divertimento, para que possa resolver os melhores jogos de palavras e se divirta a aprender!

A sua opinião é essencial. Pode participar activamente no sucesso deste livro, deixando-nos um comentário. Gostaríamos de saber o que mais lhe agradou nesta edição.

Aqui está um link rápido para a sua página de encomendas:

BestBooksActivity.com/Avaliacoes50

Obrigado pela vossa ajuda e divirtam-se!

A Equipa Inteira

1 - Dirigindo

```
F  D  Y  T  D  B  G  Ä  V  N  H  J  D  K  K
M  O  K  F  Y  D  R  A  R  A  F  L  D  M  R
O  U  T  A  L  W  O  Ä  R  A  S  M  O  R  B
T  L  P  G  O  Y  Y  A  N  A  T  A  G  G  P
O  F  A  W  Ä  D  B  M  Y  S  G  N  B  X  A
R  P  V  W  W  N  A  P  E  Z  L  E  Y  Y  X
C  H  T  Z  D  I  G  G  V  S  F  E  U  H  L
Y  B  R  G  F  Y  A  A  T  R  A  K  W  C  N
K  T  A  I  K  I  L  F  R  T  U  N  N  E  L
E  S  N  L  I  C  E  N  S  E  L  P  O  S  B
L  T  S  H  F  R  J  H  G  N  I  N  R  A  V
K  W  P  S  A  X  B  O  A  T  A  H  B  R  D
N  I  O  M  R  E  B  D  S  P  O  L  I  S  O
J  P  R  O  T  O  M  O  L  Y  C  K  A  M  Z
D  J  T  E  H  R  E  K  Ä  S  B  I  L  X  U
```

OLYCKA	MOTORCYKEL
BIL	MOTOR
BRÄNSLE	FOTGÄNGARE
VARNING	FARA
VÄG	POLIS
BROMSAR	GATA
GARAGE	SÄKERHET
GAS	TRANSPORT
LICENS	TRAFIK
KARTA	TUNNEL

2 - Antiguidades

```
W  D  Å  R  T  I  O  N  D  E  N  A  Å  K  J
M  L  E  E  L  E  G  A  N  T  M  U  R  J  Y
W  B  D  K  H  M  S  O  M  S  J  K  H  R  I
F  T  R  G  O  S  T  Z  H  N  L  T  U  E  N
G  E  Ä  Y  M  R  K  W  J  O  A  I  N  S  V
K  X  V  E  Z  A  A  Z  S  K  M  O  D  T  E
G  V  U  D  S  R  K  T  N  Y  M  N  R  A  S
U  J  A  A  Y  W  S  S  I  X  A  Y  A  U  T
C  T  D  L  J  V  I  A  R  V  G  X  D  R  E
I  A  S  P  I  T  T  I  E  P  O  W  E  E  R
M  Ö  B  E  L  T  N  S  L  S  R  L  Y  R  I
C  X  C  N  D  X  E  U  L  T  J  I  M  I  N
U  D  X  T  M  E  T  T  A  I  R  D  S  N  G
C  K  G  U  Y  E  U  N  G  L  T  K  K  G  Y
Y  A  T  B  O  S  A  E  O  V  A  N  L  I  G
```

KONST	AUKTION
AUTENTISK	MÖBEL
DEKORATIV	MYNT
ÅRTIONDEN	PRIS
ELEGANT	KVALITET
ENTUSIAST	RESTAURERING
STIL	ÅRHUNDRADE
GALLERI	VÄRDE
OVANLIG	GAMMAL
INVESTERING	

3 - Churrascos

```
S P E L M D M K Y G S K J F O
N A D U J B N I L U N C H A A
S O E F W R H S D H O P T M Z
Z Y P W C H X U M D D O P I Z
J R K C U D Y M X X A B F L A
R E K Y C K L I N G A G W J B
E D R U Y B W G C D E R P L A
T A S R P S X H H O R E M F R
A L V Y Z G E B Z X R K C R N
M L A S Å S R P E P P A R U S
O A R S E M Y I P W U S L K O
T S M W S D N T L N D N B T M
K N I V A R F E T L S Ö M W M
V I E S B S Y B A K D R O C A
H U N G E R W K O C H G D Y R
```

LUNCH	SPEL
INBJUDAN	GRÖNSAKER
BARN	SÅS
KNIVAR	MUSIK
FAMILJ	PEPPAR
HUNGER	VARM
KYCKLING	SALT
FRUKT	SALLADER
GRILL	TOMATER
MIDDAG	SOMMAR

4 - Pesca

```
V  I  B  E  P  Y  W  N  F  T  R  N  S  K  S
A  A  Ö  V  E  R  D  R  I  F  T  G  J  R  L
H  K  T  U  E  O  G  A  B  E  T  E  Ö  O  L
C  X  J  T  Z  T  V  L  C  Z  H  Y  H  K  T
T  A  K  G  E  S  W  Ä  Z  Z  I  G  W  G  O
P  T  L  P  R  N  U  G  N  O  S  Ä  S  A  N
M  K  M  W  C  E  J  J  T  Å  L  A  M  O  D
G  I  V  W  M  R  N  S  F  E  E  X  H  H  V
F  E  N  O  R  X  X  M  D  F  I  O  T  S  I
T  R  Å  D  B  S  K  A  N  K  L  R  J  U  K
K  O  C  K  Å  W  O  O  A  R  M  O  J  V  T
K  Ä  K  E  T  V  J  M  R  O  R  H  D  Y  B
T  J  E  F  I  Y  O  E  T  G  G  L  I  R  L
V  U  T  G  N  I  N  T  S  U  R  T  U  T  H
S  L  G  O  V  Z  R  B  M  O  D  K  U  F  X
```

VATTEN	BETE
FENOR	SJÖ
BÅT	KÄKE
GÄLAR	HAV
KORG	TÅLAMOD
KOCK	VIKT
UTRUSTNING	STRAND
ÖVERDRIFT	FLOD
TRÅD	SÄSONG
KROK	

5 - Geologia

```
F L V F I L A V A K B E Z R P
X I A Y C Y S H F O G L G I X
M S Å G Z S E M V N E T S M V
I S T H E X A A B T N I Y C Y
N O A A N R X L L I M N Z R O
E F L V L W O D T N O Z R E V
R X P U L A U G Y E P M I L B
A W M L A W G N K N R F M L I
L E H K R I A M P T S Y R A S
E R E A O D W I I K V A R T S
R O O N K Y I E D T F U W S L
A S K A L C I U M F E U K I U
O I S T A L A K T I T R D R Z
T O J O R D B Ä V N I N G K Y
C N G R O T T A E Z P R X C G
```

SYRA	FOSSIL
LAGER	LAVA
GROTTA	MINERALER
KALCIUM	STEN
KONTINENT	PLATÅ
KORALL	KVARTS
KRISTALLER	SALT
EROSION	JORDBÄVNING
STALAKTIT	VULKAN
STALAGMITER	ZON

6 - Ética

```
A I V L M V V O Y F L L V F T
O O M T S Ä Ä P R H J Z Ä I K
M P M E I R N T V K K K R L O
R D I H L D L I K P A G D O K
R E S G A E I M M F L B I S N
E T A I U N G I G E O A G O H
S E L L D H H S C B L K H F B
P B S R I Y E M Y G D P E I B
E R N Ä V S T M S I U R T L A
K A Ä P I Z M T Å L A M O D T
T M K T D Y N H S M O D S I V
F A D I N T E G R I T E T M T
U S E P I J S N A R E L O T J
L I M R A T I O N A L I T E T
L M Ä N S K L I G H E T E N X
```

ALTRUISM
VÄNLIGHET
MEDKÄNSLA
SAMARBETE
VÄRDIGHET
FILOSOFI
ÄRLIGHET
MÄNSKLIGHETEN
INDIVIDUALISM
INTEGRITET

OPTIMISM
TÅLAMOD
RATIONALITET
RIMLIG
REALISM
RESPEKTFULL
VISDOM
TOLERANS
VÄRDEN

7 - Tempo

```
W  P  T  E  P  N  W  I  I  D  M  E  M  T  Å
A  Z  U  K  J  H  V  W  W  N  O  E  G  P  R
I  S  W  J  R  V  V  O  R  O  R  F  M  K  H
D  D  B  J  C  A  W  S  Å  I  G  D  Å  A  U
A  A  L  U  W  V  C  L  R  A  O  J  N  L  N
G  K  K  B  L  A  Z  N  T  Y  N  U  A  E  D
W  C  C  C  U  W  G  U  I  T  L  P  D  N  R
A  E  I  D  O  L  C  P  O  M  A  P  W  D  A
E  V  L  I  A  L  G  C  N  L  J  N  D  E  D
E  S  B  U  Å  R  K  R  D  U  I  G  K  R  E
M  I  N  U  T  Å  O  J  E  L  Å  E  F  Y  O
M  R  O  A  S  G  A  D  D  I  M  R  D  A  G
I  Y  G  O  D  I  I  I  J  U  W  Ö  L  M  K
T  D  Ö  D  L  F  B  C  K  R  E  F  I  I  Z
U  E  S  R  X  H  B  F  R  A  M  T  I  D  G
```

NU	MORGON
ÅR	MIDDAG
FÖRE	MÅNAD
ÅRLIG	MINUT
KALENDER	ÖGONBLICK
ÅRTIONDE	NATT
DAG	IGÅR
FRAMTID	KLOCKA
IDAG	VECKA
TIMME	ÅRHUNDRADE

8 - Astronomia

```
S  T  R  Å  L  N  I  N  G  E  J  U  R  Z  A
E  G  O  U  G  A  K  O  S  M  O  S  A  K  S
H  X  A  E  N  J  S  F  X  V  I  F  K  O  T
J  F  W  F  X  I  J  O  R  D  E  B  E  B  R
K  R  I  O  D  S  V  O  L  N  L  J  T  S  O
M  E  T  E  O  R  S  E  H  U  L  J  A  E  N
V  O  Z  L  B  M  V  M  R  M  B  T  V  R  A
A  S  T  E  R  O  I  D  Å  S  N  E  O  V  U
U  M  B  M  A  N  J  B  S  N  U  C  N  A  T
C  E  I  M  V  O  Z  B  O  H  E  M  R  T  N
M  C  C  I  L  R  Z  M  L  E  U  K  E  O  X
C  B  R  H  L  T  P  L  A  N  E  T  P  R  Y
D  U  K  Y  A  S  B  Z  F  L  L  X  U  I  T
O  X  D  I  R  A  F  L  U  V  P  X  S  U  D
B  J  Y  D  A  G  J  Ä  M  N  I  N  G  M  T
```

ASTEROID	METEOR
ASTRONAUT	NEBULOSA
ASTRONOM	OBSERVATORIUM
HIMMEL	PLANET
KOSMOS	STRÅLNING
DAGJÄMNING	SOL
RAKET	SUPERNOVA
ALLVAR	JORD
MÅNE	UNIVERSUM

9 - Acampamento

```
W  A  B  R  S  R  I  F  I  K  Y  E  T  D  E
B  I  B  N  K  I  S  J  X  A  L  G  R  I  B
K  W  B  Y  O  L  Z  R  A  R  C  K  G  V  O
U  O  R  U  G  S  J  Ö  T  T  T  V  B  H  C
Y  C  M  Z  K  R  P  T  R  A  Ä  W  R  U  N
M  S  C  P  M  O  E  N  Å  M  L  I  Y  T  C
E  C  R  L  A  H  R  B  W  F  T  J  Ä  R  H
S  T  U  G  A  S  T  R  Ä  D  F  P  V  U  T
Z  O  T  R  J  Z  S  Y  H  A  T  T  E  S  U
J  O  A  U  S  H  R  D  X  J  E  K  N  T  X
K  A  N  O  T  Z  R  A  P  Z  L  A  T  N  U
Z  D  J  U  R  R  X  J  Z  F  D  J  Y  I  V
D  R  T  Y  D  S  X  U  M  G  Z  G  R  N  T
H  Ä  N  G  M  A  T  T  A  G  L  J  E  G  Z
T  X  Y  S  V  M  J  A  W  I  N  S  E  K  T
```

DJUR	SKOG
ÄVENTYR	ELD
TRÄD	INSEKT
KOMPASS	SJÖ
STUGA	MÅNE
JAKT	HÄNGMATTA
KANOT	KARTA
HATT	BERG
REP	NATUR
UTRUSTNING	TÄLT

10 - Ficção Científica

```
E F R A D B V Ä R L D E X D K
X S A A H I Ö W A C L X A G R
P M T N F P K C T M E T X A J
L Y O E T Y B N K Z B R K I O
O H B G F A M A I E X E O S U
S B O O A M S H N F R M L W E
I I R R I R K T M Y S T I S K
O O R T N J I H I P L A N E T
N I D F O I Y N E S G Ä L V A
L S R Y I Y A T O M K X H H O
V M H R S G A L A X I P O T U
M D R U U T J E D M N A G B S
F T M O L R O O Y H K J X Z E
S N F X L I X P O L E K A R O
I M A G I N Ä R I Z T L W J Z
```

ATOM
BIO
AVLÄGSEN
DYSTOPI
EXPLOSION
EXTREM
FANTASTISK
ELD
TROGEN
GALAX

ILLUSION
IMAGINÄR
BÖCKER
MYSTISK
VÄRLD
ORAKEL
PLANET
ROBOTAR
TEKNIK
UTOPI

11 - Mitologia

```
Y O M C H X A S K T B P A B Å
M A G I S K P G D U H L I N S
S E V Y K U R D Ö Y L A I K K
O T P T H U V Y D Y D T H X A
D L Y A N N I T L Ä J H U F T
Ö Ä T R I B F V I S F J V R N
D J E T K E R A G I R K F X I
L H K N O A R G X L K C O A R
I L R G C N E G J H J Z R R Y
G T A I U O N E D N E E T E B
H V A R E L S E N R J W S P A
E D N A P A K S E R T M A G L
T A F M L T W H G X L D T U E
M O N S T E R Y E M N O A U T
H Ä M N D W C L L J E W K L K
```

ARKETYP
BETEENDE
SKAPANDE
VARELSE
KULTUR
KATASTROF
STYRKA
KRIGARE
HJÄLTINNA
HJÄLTE

ODÖDLIGHET
LABYRINT
LEGEND
MAGISK
MONSTER
DÖDLIG
BLIXT
ÅSKA
HÄMND

12 - Medições

```
B V I K T F O V E Z X F Y R A
Z R L Z J R I L J B J J E A V
R Y E K I L O M E T E R C L R
E K T D G N Ä L V O L Y M G L
T C T K D G S W B Z Y C D C F
E U E L Z M A R G O L I K N H
M T M N J Y S G R A D S B R J
N J A M T L S N U M L V D V X
P S C S X I A P Y I I H E I W
U U H E W G M H W N T Ö C D X
T O N V P M E E U U E J I J W
L B P K X W N C T T R D M U J
K Y L Y A N N H V E E F A P Z
O T G R A M Y Z H N R P L D P
O E A U D I O M Z D C K I S D
```

HÖJD	METER
BYTE	MINUT
CENTIMETER	UNS
LÄNGD	VIKT
DECIMAL	TUM
GRAM	DJUP
GRAD	KILOGRAM
BREDD	KILOMETER
LITER	TON
MASSA	VOLYM

13 - Álgebra

```
S  I  F  F  R  A  M  A  T  R  I  S  E  D  W
N  Z  P  O  H  Z  U  D  G  F  B  C  O  I  F
K  G  E  T  Ä  M  E  L  B  O  R  P  X  A  T
T  E  T  I  T  N  A  V  K  R  R  J  U  G  Z
E  N  L  W  V  B  D  M  Y  M  S  W  S  R  S
S  U  M  M  A  T  L  L  M  E  E  J  F  A  S
F  V  U  S  P  T  N  R  I  L  T  U  A  M  M
L  R  Ä  J  N  I  L  O  W  G  N  P  K  E  W
Ö  T  A  F  A  R  V  G  I  B  E  Z  T  X  W
S  A  L  K  N  E  R  Ö  F  T  R  L  O  U  I
N  U  M  E  T  K  W  L  E  B  A  I  R  A  V
I  N  O  L  L  I  O  Z  N  C  P  V  Z  L  V
N  R  X  J  D  P  O  W  U  H  M  O  K  P  S
G  F  A  L  S  K  T  N  E  N  O  P  X  E  T
S  U  B  T  R  A  K  T  I  O  N  Z  E  S  O
```

DIAGRAM	SIFFRA
EKVATION	PARENTES
EXPONENT	PROBLEM
FALSK	KVANTITET
FAKTOR	FÖRENKLA
FORMEL	LÖSNING
FRAKTION	SUMMA
OÄNDLIG	SUBTRAKTION
LINJÄR	VARIABEL
MATRIS	NOLL

14 - Plantas

```
L U G B Y X O R R O J C I R G
E Ö A Ä W M U R G R Ö N A V Y
I I V R B L O M M A D K S O R
D V F V V S I R V D E Y S O P
R K D L E I H B E V B M O X O
O O D K F R E Ö G D Y P M N P
T O L G S M K N E R B A M B U
S U C E U F O A T Å S C H G B
K I N A T O B Y A G O K S B F
E A F N K R P R T D R F J U G
T I Z Y A S Ä V I Ä X Ä S S A
L L C K K M C D O R W T S K H
K R O N B L A D N T C D C E T
P G Ö D S E L J A R O L F F L
P J W G V O S V J Ö T C B E G
```

BUSKE	FLORA
TRÄD	SKOG
BÄR	LÖVVERK
BAMBU	GRÄS
BOTANIK	MURGRÖNA
KAKTUS	TRÄDGÅRD
ÖRT	MOSSA
BÖNA	KRONBLAD
GÖDSEL	ROT
BLOMMA	VEGETATION

15 - Veículos

```
P  X  R  J  T  T  R  A  K  T  O  R  W  J  P
F  I  E  P  Å  U  I  Y  W  Z  R  M  P  I  E
S  S  E  U  B  S  N  A  L  U  B  M  A  A  A
B  K  C  Ä  D  D  I  N  A  L  P  G  Y  L  F
U  B  Y  L  M  U  P  G  E  T  A  X  I  X  S
S  B  I  T  V  N  R  M  R  L  D  T  P  D  A
S  R  E  O  T  C  Y  K  E  L  B  K  O  A  O
R  Y  I  K  G  E  J  G  T  E  K  A  R  S  F
W  X  G  W  B  K  L  N  P  B  E  M  N  T  W
L  A  S  T  B  I  L  L  O  Z  I  K  I  A  U
R  J  H  W  T  Z  Z  S  K  H  O  L  D  Z  B
Z  R  O  T  O  M  R  L  I  B  R  Z  Y  L  Å
S  Ä  S  K  O  T  E  R  L  E  Z  D  M  N  T
U  F  D  O  B  A  I  H  E  T  T  O  L  F  X
H  U  S  V  A  G  N  A  H  S  Z  J  P  L  B
```

AMBULANS	FLOTTE
FLYGPLAN	SKOTER
FÄRJA	TUNNELBANA
BÅT	MOTOR
CYKEL	BUSS
LASTBIL	DÄCK
HUSVAGN	UBÅT
BIL	TAXI
RAKET	SKYTTEL
HELIKOPTER	TRAKTOR

16 - Engenharia

```
K V P N D V M Ä T N I N G Z D
O T J X I T Ä Z U R W P G Y I
N Z G N A D D T M O T O R R S
S L G I M U I J S M Å T T W T
T U P M E X A P T K N M U F R
R J H A T C G E I R A P U E I
U O R L E W R U T K U R T S B
K M O C R G A K R Y T S Z M U
T J A E S E M T V Z H O T H T
I N S S K S N O I T K I R F I
O M E Z K G N I N K Ä R E B O
N N M E D I W U K W D E P D N
B P K K B G N L E S E I D J A
E N E R G I K G L E X A V U M
Y P J S T A B I L I T E T P P
```

FRIKTION

VINKEL

BERÄKNING

KONSTRUKTION

DIAGRAM

DIAMETER

DIESEL

MÅTT

DISTRIBUTION

AXEL

ENERGI

STABILITET

STRUKTUR

STYRKA

VÄTSKA

MASKIN

MÄTNING

MOTOR

DJUP

17 - Restaurante # 2

```
J  I  P  T  T  A  U  Z  K  S  T  O  L  S  W
M  V  Y  G  W  K  S  A  Ä  O  C  J  H  O  X
S  T  H  Z  N  F  U  P  K  C  Y  R  D  P  G
P  A  N  U  D  L  A  R  A  S  A  U  G  P  F
E  M  L  U  M  Y  L  E  F  F  A  G  U  A  L
Y  O  W  T  I  U  K  K  P  P  M  P  H  X  U
S  A  L  L  A  D  B  A  J  K  Z  C  V  Z  N
R  K  L  N  F  N  M  S  M  I  D  D  A  G  C
N  R  E  K  C  Ä  L  N  V  A  T  T  E  N  H
R  Y  S  K  E  D  O  Ö  O  C  E  R  P  Y  S
K  D  T  P  I  P  M  R  I  A  T  W  K  I  T
F  D  B  S  M  K  G  G  Ä  S  F  P  R  V  H
I  O  V  F  X  G  F  S  E  R  V  I  T  Ö  R
S  R  D  D  K  I  K  H  O  I  A  U  Z  K  F
K  I  L  M  F  M  I  C  J  E  R  E  S  T  Y
```

LUNCH
VATTEN
DRYCK
KAKA
STOL
SKED
LÄCKER
KRYDDOR
FRUKT
SERVITÖR

GAFFEL
IS
MIDDAG
GRÖNSAKER
NUDLAR
ÄGG
FISK
SALT
SALLAD
SOPPA

18 - Países #2

```
S L I B A N O N U X S J M J H
O O U U R H D E K U Y E E A I
A F M L I B O E R M R K X M N
L K R A M N A D A W I T I A A
H G T P L E D L I I E W C I Z
Z A N E V I N J N N N E O C C
N H I N K N A U A D A L R A T
A I H T C A G L O O T S E T U
P C G S I B U O P N S J Y P J
A J K E B L V H D E I S U L H
J Z P L R A L W D S K X W Y B
R C X Y D I I B N I A F X A M
E K I R K N A R F E P Z J P J
R Y S S L A N D W N M S Z B U
I R L A N D G R E K L A N D I
```

ALBANIEN
DANMARK
FRANKRIKE
GREKLAND
HAITI
INDONESIEN
IRLAND
JAMAICA
JAPAN
LAOS

LIBANON
MEXICO
NEPAL
NIGERIA
PAKISTAN
RYSSLAND
SYRIEN
SOMALIA
UKRAINA
UGANDA

19 - Cozinha

```
K N I V A R S K Y L S K Å P D
E G T K Y L L M Y X B B U R K
O K E A T P E C E R A B B I R
S O X N J S V B W D J F P Z E
K N Z N E R P A L S V R F F R
Å P O A K S J A T L R Y K T A
L C V J A Z I N T E I S H Z K
R D G S V P S K E D A R P D O
G A F F L A R K V Ä Y O G H K
M B N E R H T O R L D D U G N
S I A N O V X P E K L D D H E
V F K J I L Y P S R M Y P W T
A H F L V P K A I Ö G R B A T
M U D I P Y T R U F L K F H A
P O I S M T X Ä X K D M S Y V
```

FÖRKLÄDE
VATTENKOKARE
SKEDAR
SLEV
KOPPAR
KRYDDOR
SVAMP
KNIVAR
UGN
FRYS

GAFFLAR
KYLSKÅP
GRILL
SERVETT
BURK
KANNA
ÄTPINNAR
RECEPT
SKÅL

20 - Material de Arte

```
L X G G A V P B S A R E L I Y
P X S M K G E L S K R V X L D
F Y O H R J N R U V P E Y F Z
B L L N Y T N M D A D J M F U
W O G G L L O O D R E P P A P
M K R O A H R U G E B M F T K
I Ä Ä S D T O J U L O T S S C
T R F D T Y M L M L L R V Y Ä
G T T H C A K I M E V E O K L
V M X R R E R M I R D G B T B
A J L O C X Y C B K I R B A J
T E T I V I T A E R K Ä N S T
T F P E A U H O H E L F O H W
E P A F W J L T X E L X L A K
N R U C G J X R S G X C A W L
```

AKRYL	FÄRGER
SUDDGUMMI	KREATIVITET
AKVARELLER	BORSTAR
LERA	PENNOR
VATTEN	TABELL
STOL	OLJA
TRÄKOL	PAPPER
STAFFLI	BLÄCK
KAMERA	FÄRG
LIM	

21 - Números

```
R B T T E T H T S L J S C J F
L G V L O T W P I V E J K E J
T S Å I B X P H V O M U J S O
R K U O N Z E M A G H T K G R
W D Y K A T B L A U X T G N T
T G U O N O T R A J Y O F P O
F Y R A O O S P X T M N V L N
R W C R T J T R E K I D B A U
I K C L X U E T S U D E C F L
G B W T E R N N E V R C T B P
E S K X S E Y W B R B I N M M
Å T T A O H C U T O T M O A S
W F E M N F E M T O N A A M M
P M L O D I N O L L D L B G B
A K O N S F O M Y Z K G L P Z
```

FEM
DECIMAL
TIO
SEXTON
SJUTTON
ARTON
TVÅ
TOLV
NIO
ÅTTA

FJORTON
FYRA
FEMTON
SEX
SJU
TRETTON
TRE
ETT
TJUGO
NOLL

22 - Física

```
K T V X Z S C C P M A U F U T
Z E N N S O R V Y O L P E N H
X T M O T A L A W T L N N I S
N I K I F L E Y T O V K Y V T
T V F T S E M W K R A Y A E Z
E I G A O K R L Z E R F T R M
H T V R A I O N F F L D S S E
G A S E K T F W D S G O A E K
I L H L P R T I E N Y S M L A
T E E E B A Y M N E V H A L N
S R A C K P M W S V O D S I I
A W Y C S S C Z I K O W S J K
H Z U A R M S I T E N G A M L
E L E K T R O N E R L K N O D
X A R J B O F G T F S V P P L
```

ACCELERATION
ATOM
KAOS
DENSITET
ELEKTRON
FORMEL
FREKVENS
GAS
ALLVAR
MAGNETISM

MASSA
MEKANIK
MOLEKYL
MOTOR
PARTIKEL
KEMISK
RELATIVITET
UNIVERSELL
HASTIGHET

23 - Especiarias

```
F  K  I  M  Z  R  E  T  T  I  B  M  P  M  L
Ä  Ö  U  V  H  U  F  O  K  V  T  G  E  C  A
N  L  H  M  J  J  R  K  A  N  E  L  P  P  K
K  T  Ö  S  M  L  E  S  P  A  Y  L  P  F  R
Å  I  S  R  W  I  D  U  J  R  W  I  A  Y  I
L  V  M  Z  V  N  N  M  H  F  L  C  R  M  T
J  G  A  D  T  A  A  R  Ä  F  E  G  N  I  S
S  I  K  C  W  V  I  L  U  A  D  I  L  L  I
H  A  G  M  G  G  R  K  T  S  R  L  M  Ö  V
M  I  M  D  F  I  O  C  U  R  R  Y  G  Z  K
O  L  U  Z  L  J  K  V  L  L  W  Z  X  K  X
A  N  I  S  K  A  R  D  E  M  U  M  M  A  S
L  X  D  Y  K  E  V  E  M  O  E  Y  M  W  A
W  R  A  G  J  J  P  U  E  R  F  B  C  G  L
G  H  J  R  T  R  H  R  W  B  K  V  J  S  T
```

SAFFRAN	LÖK
LAKRITS	KORIANDER
VITLÖK	KUMMIN
BITTER	SÖT
ANIS	FÄNKÅL
SUR	INGEFÄRA
VANILJ	MUSKOT
KANEL	PEPPAR
KARDEMUMMA	SMAK
CURRY	SALT

24 - Países #1

```
P T N J C B R T E C U A D O R
X F K W H R D Y F I N L A N D
W P K L E A R S I A L H S Y Z
L X K K M S C K C N F A B T C
T I L A M I V L E L D T P A R
R U V M R L K A L I T I F M I
L L L B W I X N Y H Y W E A T
P L C O K E H D A N U X Y N A
O Z A D A N A K B G O P L A L
L J B J S P A N I E N R A P I
E W L A U G A R A C I N G V E
N E G Y P T E N K J J X E E N
W V E N E Z U E L A B V N F F
W N B C N F M C W X C W E R A
M A R O C K O P V J R B S M Y
```

TYSKLAND   ITALIEN
BRASILIEN   INDIEN
KAMBODJA   MALI
KANADA   MAROCKO
EGYPTEN   NICARAGUA
ECUADOR   NORGE
SPANIEN   PANAMA
FINLAND   POLEN
IRAK   SENEGAL
ISRAEL   VENEZUELA

25 - A Mídia

Å	N	S	S	F	J	Z	F	C	T	B	P	P	U	J
S	Ä	P	N	V	E	L	H	S	A	V	Å	G	T	U
I	T	Z	L	M	L	P	A	E	A	A	P	H	B	A
K	V	E	A	B	G	R	A	G	N	I	N	D	I	T
T	E	F	A	D	L	I	K	S	N	E	T	I	L	K
H	R	X	C	V	A	F	N	O	T	O	F	G	D	A
T	K	N	E	P	K	S	U	D	H	L	M	I	N	F
D	A	L	P	P	O	K	P	P	U	T	Y	T	I	U
D	K	C	Y	M	L	B	B	S	E	S	V	A	N	J
V	I	A	T	T	I	T	Y	D	E	R	T	L	G	R
F	I	N	A	N	S	I	E	R	I	N	G	R	P	A
K	O	M	M	U	N	I	K	A	T	I	O	N	I	D
K	Y	L	L	E	U	T	K	E	L	L	E	T	N	I
J	K	O	M	M	E	R	S	I	E	L	L	V	I	O
O	F	F	E	N	T	L	I	G	V	F	M	J	K	V

ATTITYDER
KOMMERSIELL
KOMMUNIKATION
DIGITAL
UTGÅVA
UTBILDNING
FAKTA
FINANSIERING
FOTON
ENSKILD

INDUSTRI
INTELLEKTUELL
TIDNINGAR
LOKAL
UPPKOPPLAD
ÅSIKT
OFFENTLIG
RADIO
NÄTVERK
TV

26 - Casa

```
Ö  R  Z  L  R  S  S  C  D  F  B  D  T  S  T
P  A  U  Y  H  U  P  K  O  Z  R  U  A  T  M
P  K  E  M  V  N  S  E  O  V  I  N  D  A  Z
E  A  W  P  R  A  K  G  G  R  Y  Z  U  K  L
N  Y  V  S  N  F  E  A  Z  E  S  A  U  E  V
S  D  R  Å  G  D  Ä  R  T  N  L  T  L  T  D
P  D  K  Ö  K  K  T  A  B  I  A  T  E  V  U
I  M  N  U  P  M  B  G  I  D  H  A  B  N  S
S  K  B  F  S  B  V  F  B  R  T  M  Ö  A  C
K  V  A  S  T  Z  A  D  L  A  W  T  M  R  H
A  M  C  L  B  U  C  V  I  G  P  E  K  K  Y
Z  Z  I  V  L  E  D  Ä  O  L  T  V  X  R  W
F  Ö  N  S  T  E  R  G  T  O  Y  A  M  J  E
H  D  T  Z  V  W  I  G  E  V  L  R  G  I  X
L  B  D  Ö  R  R  A  L  K  C  Y  N  L  O  K
```

BIBLIOTEK	TRÄDGÅRD
STAKET	ÖPPEN SPIS
SKORSTEN	MÖBEL
NYCKLAR	VÄGG
DUSCH	DÖRR
GARDINER	RUM
KÖK	VIND
SPEGEL	MATTA
GARAGE	KRAN
FÖNSTER	KVAST

27 - Vegetais

```
V K S C H A L O T T E N L Ö K
I S R S E L L E R I Y E T F V
T A M O T X Z M O R O T O U U
L X O X N R Ä D I S A E Z T E
Ö O H X O Ä P E R S I L J A N
K S N V T E R I N G E F Ä R A
P T M F I L A T N A L P G G Ä
X U N K W R G L S I T A T O P
Y S M O K R W W A K E W M A S
C C Y P S V A M P O O H F B A
R T F X A G U R K A H C V B L
V Y R V V T W L U T S C K Ö L
W P I G O V R S P E N A T A A
K A T W R F Y Ä G Z F D N J D
B R O C C O L I W S M J M X O
```

PUMPA	SVAMP
SELLERI	ÄRTA
KRONÄRTSKOCKA	SPENAT
VITLÖK	INGEFÄRA
POTATIS	ROVA
ÄGGPLANTA	GURKA
BROCCOLI	RÄDISA
LÖK	SALLAD
MOROT	PERSILJA
SCHALOTTENLÖK	TOMAT

28 - Balé

```
P D S T O D G C G E S T I O B
I U W N H C B E E D I T N R A
F U B F Ä R D I G H E T T K L
R G I L R Ä N T S N O K E E L
D Z T I I U S K T S X N S E
M R Y F Y K I N K E T P S T R
R Ö S A V Ö Y F F L V X I E I
U T T R Y C K S F U L L T R N
M I G G N O I T I T E P E R A
U S R O A P S H I K W G T G P
S O A E S W U A P P L Å D E R
K P C R B T M F W F A Z I U V
L M I O K N I T D V N O X J Z
E O Ö K E H A L Y I M L Z O M
R K S C H K B I E R A S N A D
```

APPLÅDER
KONSTNÄRLIG
BALLERINA
KOMPOSITÖR
KOREOGRAFI
DANSARE
REPETITION
STIL
UTTRYCKSFULL
GEST

GRACIÖS
FÄRDIGHET
INTENSITET
MUSKLER
MUSIK
ORKESTER
ÖVA
PUBLIK
RYTM
TEKNIK

29 - Adjetivos #1

```
V  Ä  R  D  E  F  U  L  L  H  A  J  L  I  G
K  S  I  T  O  X  E  C  K  D  B  F  Å  D  E
R  O  O  M  T  C  T  U  N  G  S  C  N  E  N
Ö  B  N  L  A  N  A  O  G  I  O  D  G  N  E
M  H  R  S  U  T  J  M  I  L  L  C  S  T  R
T  Z  E  V  T  G  T  A  L  R  U  M  A  I  Ö
P  K  D  R  S  N  Y  R  R  Ä  T  A  M  S  S
M  R  O  M  T  J  Ä  B  A  T  U  N  N  K  O
V  H  M  Y  O  X  J  R  V  K  N  O  A  S  M
B  I  P  C  R  D  P  B  L  S  T  O  E  F  P
X  T  K  S  H  W  K  O  L  I  N  I  L  E  N
K  S  I  T  A  M  O  R  A  T  G  Y  V  N  B
A  U  J  P  I  U  R  H  J  S  I  V  X  O  B
S  A  O  Z  D  G  P  H  E  Y  B  G  U  R  L
P  E  R  F  E  K  T  Y  N  M  X  B  F  M  G
```

ABSOLUT	ÄRLIG
AROMATISK	IDENTISK
KONSTNÄRLIG	VIKTIG
ATTRAKTIV	LÅNGSAM
ENORM	MYSTISK
MÖRK	MODERN
EXOTISK	PERFEKT
TUNN	TUNG
GENERÖS	ALLVARLIG
STOR	VÄRDEFULL

30 - Psicologia

```
B A R N D O M X O E C M P U V
N Y T Z M C N K U R B V R G E
B L A Z C T C M A F X Y O N R
O X N B S S R D D A D B B I K
R M K G M V K D Z R A H L N L
B R A L S Ö L S T E V D E M I
D E R E G O P T K N K B M Ä G
R S T Y G B U E I H Ä E J N H
Ö N K E K F Z R L E N D S T E
M E K L E J N A F T S Ö N U T
M U K Ä I N D P N E L M V N J
A L O X N N D I O R O N H M A
R F J N E S I E K F R I K K B
P N A P C R L S Z M Y N O J H
Y I S T B Y K A K C L G X V E
```

BEDÖMNING
KLINISK
BETEENDE
UTNÄMNING
KONFLIKT
EGO
KÄNSLOR
ERFARENHETER
MEDVETSLÖS

BARNDOM
INFLUENSER
TANKAR
PROBLEM
VERKLIGHET
KÄNSLA
DRÖMMAR
TERAPI

31 - Paisagens

```
H  A  L  V  Ö  T  K  P  A  Z  N  J  K  X  Z
T  U  N  D  R  A  R  H  X  A  H  I  M  Z  G
R  F  H  B  I  V  Ä  Ä  A  P  H  Z  K  H  B
G  R  E  B  I  K  I  O  S  N  K  U  L  L  E
A  R  H  A  D  T  C  H  Z  K  I  V  H  B  G
W  R  O  J  D  N  A  R  T  S  P  K  A  B  O
D  C  J  T  D  O  L  F  K  B  J  Y  V  O  L
M  Y  V  A  T  S  G  Y  O  A  N  Ö  V  A  F
C  N  U  C  I  A  T  U  Y  X  N  I  U  S  S
V  A  T  T  E  N  F  A  L  L  D  A  L  I  J
C  A  R  E  H  E  E  Z  K  P  A  X  K  K  I
M  W  Z  E  B  K  Y  M  J  K  L  Z  A  T  Z
F  J  P  X  B  Ö  S  P  M  J  G  O  N  S  G
S  D  I  M  P  R  N  K  W  H  Z  Z  V  R  L
B  N  I  S  B  E  R  G  Ö  B  P  Y  H  F  J
```

VATTENFALL   BERG
GROTTA   OAS
KULLE   TRÄSK
ÖKEN   HALVÖ
VIK   STRAND
GLACIÄR   FLOD
GOLF   TUNDRA
ISBERG   DAL
SJÖ   VULKAN
HAV

32 - Dança

```
K  H  Å  L  L  N  I  N  G  F  Z  I  C  T  A
I  O  P  A  R  T  N  E  R  D  W  J  S  R  K
S  K  N  E  Y  G  U  J  C  J  X  W  Z  A  A
U  U  O  S  G  L  F  A  Y  J  A  I  Y  D  D
M  L  I  L  T  A  J  X  D  H  Z  B  Z  I  E
R  T  T  E  K  D  V  S  B  C  V  E  D  T  M
Y  U  I  R  O  O  K  K  Ä  N  S  L  A  I  I
T  R  T  Ö  V  P  R  R  W  Y  P  K  B  O  O
M  E  E  R  T  P  J  E  O  M  X  S  O  N  P
U  L  P  B  S  U  E  D  O  P  B  I  G  E  E
L  L  E  V  X  D  L  K  F  G  P  S  U  L  B
X  X  R  U  T  L  U  K  U  S  R  S  J  L  I
O  E  Z  O  H  O  P  P  A  E  O  A  N  Å  D
U  T  T  R  Y  C  K  S  F  U  L  L  F  L  X
V  I  S  U  E  L  L  I  X  J  W  K  B  I  P
```

AKADEMI	UTTRYCKSFULL
GLAD	NÅD
KONST	RÖRELSE
KLASSISK	MUSIK
KOREOGRAFI	PARTNER
KROPP	HÅLLNING
KULTUR	RYTM
KULTURELL	HOPPA
KÄNSLA	TRADITIONELL
REPETITION	VISUELL

33 - Nutrição

```
X D Ä O N I M A T I V T V K J
B X T U Y F A S L Ä H G I L E
U L L H H N T Å F R S V K K H
A O I W W Ä S S R O K S T Ä V
K P G F B R M J Y E W P L R C
S W T G U I Ä K V A L I T E T
I T E I O N L C T S M A K T S
R D H W T G T U D U N D H T O
F D A R E S N A L A B E E I K
L R M P K Ä I J T I T A G B R
P S D B K M N T O X I N L H E
O Z W Z C N G K A L O R I E R
A I T X P E P R O T E I N E R
J Ä S N I N G P B J T W O L T
K O L H Y D R A T E R J N I L
```

BITTER
APTIT
KALORIER
KOLHYDRATER
ÄTLIG
KOST
MATSMÄLTNING
BALANSERAD
JÄSNING
VÄTSKOR

SÅS
NÄRINGSÄMNE
VIKT
PROTEINER
KVALITET
SMAK
FRISKA
HÄLSA
TOXIN
VITAMIN

34 - Energia

```
S  H  Ö  K  D  T  G  B  R  E  C  Y  J  B  C
F  O  J  Ä  I  U  K  R  A  B  Y  N  R  Ö  F
Ö  I  L  R  E  R  S  Ä  Y  S  H  V  Y  I  U
R  Y  I  N  S  B  I  N  S  H  U  M  Ä  R  Y
O  G  M  K  E  I  R  S  X  F  P  P  W  T  M
R  W  R  R  L  N  T  L  O  S  O  M  I  S  E
E  D  A  A  F  O  K  E  F  H  G  T  P  U  K
N  K  X  F  I  R  E  T  T  A  B  A  O  D  O
I  E  N  T  D  T  L  N  G  O  J  R  R  N  T
N  S  L  X  T  K  E  S  I  X  C  S  T  I  J
G  E  R  D  S  E  A  R  M  E  N  D  N  I  V
V  G  O  G  X  L  M  O  T  O  R  L  E  L  Z
O  F  Y  V  J  E  M  R  J  Y  K  O  L  V  D
K  P  D  O  B  E  N  S  I  N  R  T  U  M  L
O  H  Y  T  D  P  M  B  V  Ä  R  M  E  U  E
```

MILJÖ	BENSIN
BATTERI	VÄTE
VÄRME	INDUSTRI
KOL	MOTOR
BRÄNSLE	KÄRNKRAFT
DIESEL	FÖRORENING
ELEKTRISK	FÖRNYBAR
ELEKTRON	SOL
ENTROPI	TURBIN
FOTON	VIND

35 - Disciplinas Científicas

```
M B I O K E M I X X M K I M A
D E Y I G O L A R E N I M O D
I S T J H J I I J L S N O V R
X O N E S I G O L O K E N V H
W C I G O L O E K R A S O B I
I I G S O R L N L P P I R I M
F O O N B M O F C I S O T O M
Y L L Z E S E L I N Y L S L U
S O O Y O U G N O C S O A O N
I G K J F O R B O G N G N G O
O I Y N H O L O I C I I A I L
L L S K E M I O L U M X T Z O
O I P N X U G O G O G D O R G
G B O T A N I K D I G W M F I
I L I N G V I S T I K I I M R
```

ANATOMI
ARKEOLOGI
ASTRONOMI
BIOLOGI
BIOKEMI
BOTANIK
KINESIOLOGI
EKOLOGI
FYSIOLOGI
GEOLOGI

IMMUNOLOGI
LINGVISTIK
METEOROLOGI
MINERALOGI
NEUROLOGI
PSYKOLOGI
KEMI
SOCIOLOGI
ZOOLOGI

36 - Meditação

```
Y  P  J  I  G  Z  M  R  Ö  R  E  L  S  E  K
T  H  X  Y  M  J  U  I  H  L  Z  P  O  P  O
M  P  M  M  O  K  S  I  K  Y  S  P  E  R  L
E  E  X  O  U  H  I  F  R  L  I  U  I  J  P
K  R  D  E  R  F  K  A  I  S  A  V  L  R  V
V  I  T  K  E  P  S  R  E  P  P  R  O  N  U
O  S  S  K  Ä  R  P  E  R  G  H  O  H  T  Y
T  L  T  R  O  N  A  V  T  U  Å  L  T  E  T
L  A  N  X  U  S  S  R  M  M  L  S  Y  H  T
M  I  N  E  K  A  V  L  B  F  L  N  S  G  D
W  H  X  K  T  N  W  B  A  A  N  Ä  T  I  Y
T  P  O  D  A  S  I  N  N  E  I  K  N  L  X
L  S  P  K  H  R  U  T  A  N  N  P  A  N  D
T  A  C  K  S  A  M  H  E  T  G  U  D  Ä  U
U  P  P  M  Ä  R  K  S  A  M  H  E  T  V  H
```

VAKEN	SINNE
UPPMÄRKSAMHET	RÖRELSE
VÄNLIGHET	MUSIK
KLARHET	NATUR
MEDKÄNSLA	FRED
KÄNSLOR	TANKAR
TACKSAMHET	PERSPEKTIV
VANOR	HÅLLNING
PSYKISK	TYSTNAD

37 - Moda

```
K  J  A  L  M  Ä  V  K  E  B  B  T  T  O  H
S  Z  N  F  O  P  Y  L  T  E  X  T  U  R  I
I  O  N  Y  D  S  U  Ä  E  L  E  G  A  N  T
T  R  I  X  E  K  J  D  R  Ä  V  S  I  R  P
K  X  D  K  R  Y  D  E  T  S  P  E  T  S  Y
A  N  A  L  N  H  A  R  K  R  L  W  T  O  D
R  R  A  T  Y  G  G  N  G  R  E  F  A  R  B
P  E  I  P  A  P  T  B  L  B  K  N  N  I  R
Y  L  U  V  P  X  Z  Z  X  O  N  B  D  G  O
S  K  X  H  M  A  X  F  C  U  E  L  Y  I  D
K  C  Y  L  H  E  R  N  A  T  D  Y  U  N  E
M  Ä  T  N  I  N  G  A  R  I  U  G  F  A  R
U  V  Z  E  N  T  C  S  N  Q  E  S  U  L  I
E  S  D  S  U  N  S  F  I  U  J  A  P  D  O
R  K  R  J  Y  B  C  U  L  E  A  M  I  M  A
```

PRISVÄRD	BLYGSAM
BRODERI	ORIGINAL
KNAPPAR	PRAKTISK
BOUTIQUE	SPETS
DYR	KLÄDER
BEKVÄM	ENKEL
ELEGANT	TYG
STIL	TREND
MÄTNINGAR	TEXTUR
MODERN	

38 - Instrumentos Musicais

```
F  M  V  E  T  N  O  B  M  O  R  T  P  S  U
M  A  P  V  A  V  B  C  C  J  F  Y  I  A  J
G  K  G  N  G  A  O  F  U  H  G  U  N  X  T
F  B  R  O  L  L  E  C  K  F  I  O  L  O  P
K  G  X  D  T  F  G  T  F  S  F  W  E  F  E
T  N  V  G  T  T  L  D  H  O  V  K  P  O  X
T  A  M  M  U  R  T  Ö  I  F  K  M  S  N  U
E  P  M  N  H  Z  K  G  J  H  R  O  N  I  E
N  R  B  B  G  S  H  C  E  T  E  P  U  L  W
I  A  A  Z  U  J  X  G  F  S  V  I  M  O  I
R  H  N  C  G  R  R  A  T  I  G  A  M  D  S
A  T  J  Z  C  A  I  G  H  Y  A  N  O  N  S
L  B  O  K  F  L  H  N  E  H  L  O  G  A  I
K  O  U  S  C  M  O  O  E  M  S  W  J  M  W
T  R  U  M  P  E  T  G  M  A  R  I  M  B  A
```

MANDOLIN	TAMBURIN
BANJO	SLAGVERK
KLARINETT	PIANO
FAGOTT	SAXOFON
FLÖJT	TRUMMA
MUNSPEL	TROMBON
GONG	TRUMPET
HARPA	GITARR
MARIMBA	FIOL
OBOE	CELLO

39 - Adjetivos #2

```
N  I  E  V  R  D  P  O  F  V  I  W  O  R  B
Z  Y  N  I  F  X  U  C  S  M  K  S  E  E  E
K  A  K  T  L  A  S  E  L  K  O  L  B  N  S
N  U  R  K  R  A  T  S  U  C  I  U  W  M  K
O  T  E  U  E  E  L  E  C  P  F  N  K  I  R
R  E  A  D  H  L  S  B  E  G  Å  V  A  D  I
M  N  T  O  M  G  E  S  I  P  I  S  K  B  V
A  T  I  R  R  O  T  G  A  W  G  T  S  B  A
L  I  V  P  A  H  R  G  A  N  F  O  I  S  N
A  S  U  R  V  D  T  Z  N  N  T  L  R  Y  D
X  K  W  Z  P  V  S  A  C  L  T  T  F  L  E
H  K  D  U  D  B  L  W  B  N  S  F  P  S  B
A  N  S  V  A  R  I  G  I  L  R  U  T  A  N
V  I  L  D  T  E  G  X  T  C  I  J  F  S  I
G  U  K  Ä  N  D  H  N  G  G  X  O  Y  D  A
```

AUTENTISK	NY
KREATIV	STOLT
BESKRIVANDE	PRODUKTIV
BEGÅVAD	REN
ELEGANT	VARM
KÄND	ANSVARIG
STARK	SALT
INTRESSANT	FRISKA
NATURLIG	TORR
NORMAL	VILD

40 - Roupas

```
D C S P K O B V G B Y Y V J P
A U E E D O M L I Z Y Y K S Y
H A N D S K A R U D D X C N J
H S M Ä L S M E M S C I O G A
I E T L Ä B S L U T A P Y R M
H B T K P W T A T R O J K S A
A R A R Y C R D K K X W C X S
L E H Ö A E U N L H J T V W T
S W V F U H M A Ä K R Y T J R
B F O J S E P S N B J E U E Ö
A A E K I F O C N E D O H A J
N M R K M A R F I B A L L N A
D A R M B A N D N I A I K S E
D J A C K A D O G F C T G A I
A V V M B W D J J L P V A U U
```

FÖRKLÄDE	HANDSKAR
BLUS	STRUMPOR
BYXOR	MODE
SKJORTA	PYJAMAS
PÄLS	ARMBAND
HATT	KJOL
BÄLTE	SANDALER
HALSBAND	SKO
JACKA	TRÖJA
JEANS	KLÄNNING

41 - Herbalismo

```
N  B  V  I  T  L  Ö  K  Y  A  X  S  G  V  R
T  A  C  I  X  Z  R  L  E  J  K  A  N  Ä  O
W  S  J  P  Ä  S  K  R  Z  T  I  F  W  L  S
Z  I  R  M  V  F  E  Z  B  N  E  F  N  G  M
B  L  A  R  I  B  B  N  O  G  A  R  D  Ö  A
L  I  G  E  D  T  N  I  F  L  Z  A  L  R  R
O  K  A  D  R  Å  G  D  Ä  R  T  N  V  A  I
M  A  S  N  E  I  D  E  R  G  N  I  M  N  N
M  M  M  A  R  J  E  M  I  I  R  T  L  D  F
A  J  L  I  S  R  E  P  K  U  K  O  A  E  Ä
Y  Z  H  R  S  K  V  A  L  I  T  E  T  A  N
G  E  C  O  K  M  L  A  V  E  N  D  E  L  K
R  G  X  K  J  N  A  B  D  O  V  Y  X  M  Å
Ö  I  R  Z  O  V  M  K  T  O  E  C  S  M  L
N  A  R  O  M  A  T  I  S  K  V  L  Y  N  L
```

SAFFRAN
ROSMARIN
VITLÖK
AROMATISK
VÄLGÖRANDE
KORIANDER
DRAGON
BLOMMA
FÄNKÅL
INGREDIENS

TRÄDGÅRD
LAVENDEL
BASILIKA
MEJRAM
VÄXT
KVALITET
SMAK
PERSILJA
TIMJAN
GRÖN

42 - Arqueologia

```
L  B  B  S  E  A  N  A  L  Y  S  Y  H  O  U
U  J  E  R  O  S  S  E  F  O  R  P  F  B  F
Y  C  X  Å  D  F  N  V  B  Y  V  X  K  J  O
K  A  G  N  I  R  E  D  R  Ä  V  T  U  E  S
U  G  K  O  V  H  K  T  T  E  A  M  V  K  S
A  J  V  I  K  S  V  R  E  Y  R  L  Y  T  I
U  C  Y  T  Y  Ä  T  T  E  M  G  X  C  T  L
B  F  P  A  F  H  N  U  L  F  P  D  N  H  N
G  L  P  S  O  L  G  D  K  E  S  E  I  K  E
C  N  V  I  R  H  N  H  A  R  N  F  L  I  K
I  Y  J  L  S  E  I  E  Y  A  N  N  S  B  I
C  N  Z  I  K  I  L  E  R  E  X  P  E  R  T
D  Y  H  V  A  V  T  M  Ö  L  G  H  V  Y  N
E  M  U  I  R  E  T  S  Y  M  X  D  Z  V  A
S  Y  Z  C  E  V  Ä  T  P  I  E  H  H  F  L
```

ANALYS	GLÖMT
ÅR	FOSSIL
ANTIKEN	FORSKARE
UTVÄRDERING	MYSTERIUM
CIVILISATION	OBJEKT
ÄTTLING	BEN
OKÄND	PROFESSOR
TEAM	RELIK
ERA	TEMPEL
EXPERT	GRAV

43 - Esporte

```
M U T H Å L L I G H E T P C R
A G Å M R Ö F K C S A A V Y S
X S Y R W M X E J T S O K K Y
I M L T T S P V Y N G T L E
M V G Ä G C F R I R K W D I X
E T U D H Z C O D K M P T N Y
R E L K S U M G R A W N O G B
A S W F J U N R O F V T L V U
X K S I L O B A T E M O I L X
Z M P S M P L M T K O V U O E
K R G B P Å G R A X R F Y E S
Z B W I N O L E R A N Ä R T T
G H E P P O R K E R K D A N S
K K R P Z Y X T D A S B E N N
N Ä R I N G N I N G G O J I F
```

IDROTTARE	METABOLISK
FÖRMÅGA	MUSKLER
CYKLING	NÄRING
KROPP	MÅL
DANS	BEN
KOST	PROGRAM
SPORT	UTHÅLLIGHET
STYRKA	HÄLSA
JOGGNING	TRÄNARE
MAXIMERA	

44 - Agronomia

```
S  J  U  K  D  O  M  A  R  E  U  R  T  I  F
M  I  L  J  Ö  J  O  R  D  B  R  U  K  D  Ö
J  H  F  I  L  K  S  C  T  D  D  J  S  E  R
M  R  G  G  A  E  H  Y  U  C  J  O  I  N  O
U  O  B  R  L  P  Y  U  S  D  K  R  N  T  R
V  E  T  E  N  S  K  A  P  T  L  D  A  I  E
G  R  A  N  N  O  I  S  O  R  E  X  G  F  N
I  R  J  E  Ö  J  I  S  P  P  S  M  R  I  I
L  E  Ö  V  R  M  G  T  Z  J  D  C  O  E  N
T  T  F  N  F  N  O  F  K  K  Ö  A  V  R  G
N  X  N  H  S  X  L  E  K  U  G  H  W  I  B
A  Ä  G  K  I  A  O  B  U  D  D  E  F  N  H
L  V  B  S  J  X  K  B  X  P  H  O  M  G  W
V  A  T  T  E  N  E  E  D  I  P  A  R  M  Y
T  I  L  L  V  Ä  X  T  R  F  I  D  F  P  U
```

JORDBRUK	IDENTIFIERING
MILJÖ	GRÖNSAKER
VATTEN	ORGANISK
VETENSKAP	VÄXTER
TILLVÄXT	FÖRORENING
SJUKDOMAR	PRODUKTION
EKOLOGI	LANTLIG
ENERGI	FRÖN
EROSION	SYSTEM
GÖDSEL	JORD

45 - Frutas

```
D R U V A T B L U Z S Y U W C
J E S D E K J P Ä R O N F J A
A L U N C I Ö N E P D M K I P
K P T H L V R Ä B S R Ö K S E
I P R F T C N I R A T K E N L
S Ä Ä I C X B O K I P T P I S
R K B M K L Ä U T G F H A P I
E A I Z U O R Z M X M A P C N
P F H W O G S O K O K L A J R
F D W Y I N T O D S N L Y X K
P T U C K A K Y H A W O A B H
I F C O B M U N W N K N S I D
N S F D J B Y W F A C O H W S
B T A F I K O N A N A B V O E
C I T R O N N I D A K C M A A
```

AVOKADO	KIWI
ANANAS	APELSIN
BJÖRNBÄR	CITRON
BÄR	ÄPPLE
BANAN	PAPAYA
KÖRSBÄR	MANGO
KOKOS	NEKTARIN
APRIKOS	PÄRON
FIKON	PERSIKA
HALLON	DRUVA

46 - Corpo Humano

```
H A N D G D U H H S P C K V S
T J E P O Y Z A U P H N Y M C
M I B A S K Z K V H J Ä R T A
F A T N K F T A U A R A R Z F
W I P N A N X W D E L T O F R
K S N A K K Ä J S H J Ä R N A
Y L U G O H F L G W L Z N L P
I G M L E X A Ö G A Ö R A K N
S L B P G R Z M N V P B K M Ä
K U E D Å H W E R E Z L P H S
U Ä N A B W W K W N D O U K A
A A K G M N G F S M F D I S N
F O T E R G N G X Z R J K U P
H A L S A M W P P V Z H H O E
D T F U U L L J N C A G V X F
```

MUN

HUVUD

HJÄRNA

HJÄRTA

ARMBÅGE

FINGER

KNÄ

KÄKE

HAND

NÄSA

ÖGA

AXEL

ÖRA

HUD

BEN

HALS

HAKA

BLOD

PANNA

FOTLED

47 - Caminhada

```
F  T  T  Ö  R  T  Z  H  E  V  A  W  B  V  B
R  A  N  E  T  S  V  A  T  T  E  N  E  P  K
E  M  H  F  T  U  J  A  I  F  N  K  R  Y  A
K  I  G  H  Ö  U  B  T  J  X  A  M  G  J  N
S  L  N  S  S  R  A  L  V  Ö  T  S  Y  E  A
I  K  I  U  O  P  B  I  A  S  R  U  J  D  T
R  D  R  P  L  G  B  E  S  K  A  T  W  A  U
C  S  E  H  P  N  U  J  R  E  K  R  A  P  R
A  G  T  T  X  A  L  I  B  E  N  B  F  G  E
M  L  N  U  H  K  M  T  D  X  D  Z  J  V  D
P  C  E  N  M  H  F  W  L  E  D  E  T  L  Ä
I  H  I  G  X  Y  H  O  I  T  S  P  L  T  V
N  Y  R  X  Z  V  X  T  V  J  B  N  K  S  R
G  G  O  R  E  I  C  U  M  E  Y  I  R  P  E
D  K  X  X  B  Y  X  N  R  Z  W  Z  T  O  A
```

CAMPING	ORIENTERING
DJUR	PARKER
VATTEN	STENAR
STÖVLAR	KLIPPA
TRÖTT	RISKER
KLIMAT	TUNG
GUIDE	FÖRBEREDELSE
KARTA	VILD
BERG	SOL
NATUR	VÄDER

48 - Biologia

```
E G D D S N S E P K F I L D I
P M O S O M O R K O L Z W W R
Z R B U V X M V K L L E C C E
J D O R Z U S M O L E C C X P
T I O T Y D O U A A C R E I T
W L J N E O Ä C M G V R E N I
K R L O X I J G I E R H H N L
H S V I O A N F G N E N Z Y M
B A K T E R I E I D N S Y S D
P X U A R W M I L I J Z R Y F
A X D T M A O G R H H U I M G
K T J U P B T L U V L C R B G
S S K M T G A N T H S R D I J
H O R M O N N U A B X H D O Z
S Y N A P S A C N I P D T S G
```

ANATOMI	MUTATION
BAKTERIE	NATURLIG
CELL	NERV
KOLLAGEN	NERVCELL
KROMOSOM	OSMOS
EMBRYO	PROTEIN
ENZYM	REPTIL
HORMON	SYMBIOS
DÄGGDJUR	SYNAPS

49 - Beleza

```
M O S I R C J N J G I Z O E L
A Z M D U H G V U D N F A L Ä
J O I L W A R A C S A M E G P
K T N I G R Ä W L E K H L N P
L O K H U M F X R F B R E P S
F B S E L E G A N T X V G S T
Y O P M A H C S Z I O O A R I
K D T R E T K U D O R P N A F
H R F O P T T S I L Y T S M T
S W O S G V I M D I D D D M B
H I D P G E Z K L O C K A R C
G Z T E S E N H A C R X X O R
F G U G A F A I P D V A B J M
K V J E X R E T S N Ä J T L L
N Å D L A N L G M K F K T O C
```

LÄPPSTIFT	DOFT
LOCKAR	NÅD
CHARM	SMINK
FÄRG	OLJOR
KOSMETIKA	HUD
ELEGANT	PRODUKTER
ELEGANS	MASCARA
SPEGEL	TJÄNSTER
STYLIST	SAX
FOTOGENISK	SCHAMPO

50 - Filantropia

```
T  M  D  D  P  Z  M  A  R  G  O  R  P  M  H
H  X  Z  C  H  D  H  Å  M  G  P  F  O  Ä  I
Ä  R  L  I  G  H  E  T  L  J  T  A  S  N  S
K  A  R  G  E  M  E  N  S  K  A  P  Y  N  T
B  G  G  O  F  F  E  N  T  L  I  G  T  I  O
E  N  R  E  T  K  A  T  N  O  K  B  U  S  R
H  I  U  R  X  X  W  B  O  R  W  N  S  K  I
Ö  N  P  U  P  P  D  R  A  G  A  R  V  O  A
V  A  P  M  E  D  E  L  J  C  N  B  P  R  B
E  M  E  J  D  N  E  S  G  L  O  B  A  L  J
R  T  R  M  T  E  H  N  E  R  Ö  G  L  Ä  V
K  U  L  K  L  I  H  A  E  K  F  C  C  L  G
T  N  H  M  O  D  G  N  U  U  J  M  K  J  V
G  E  N  E  R  O  S  I  T  E  T  F  A  U  L
E  P  J  P  J  H  K  F  I  U  V  Y  A  F  R
```

VÄLGÖRENHET	HISTORIA
GEMENSKAP	ÄRLIGHET
KONTAKTER	UNGDOM
BARN	UPPDRAG
UTMANINGAR	BEHÖVER
FINANS	MÅL
MEDEL	MÄNNISKOR
GENEROSITET	PROGRAM
GLOBAL	OFFENTLIG
GRUPPER	

51 - Ecologia

```
H  V  F  R  I  V  I  L  L  I  G  A  W  B  H
K  Å  E  Y  Z  B  Y  B  N  T  T  B  T  J  C
L  X  L  G  G  R  N  M  Ä  N  G  D  E  G  F
I  J  L  L  E  U  D  S  M  T  X  L  Y  R  Z
M  J  Y  R  B  T  M  A  R  I  N  A  T  E  G
A  U  I  Y  G  A  A  K  R  O  T  F  S  T  I
T  H  B  P  W  N  R  T  G  S  A  G  A  X  L
I  Ö  J  L  I  M  S  V  I  L  E  N  M  Ä  R
F  Y  H  F  A  P  T  N  G  O  U  Å  H  V  U
Ö  V  E  R  L  E  V  N  A  D  N  M  Ä  R  T
G  L  O  B  A  L  I  E  N  O  T  U  L  Z  A
W  H  L  A  R  R  Ä  K  U  M  F  N  L  R  N
Z  L  T  L  O  M  T  H  A  G  K  R  E  Z  N
M  B  D  P  L  B  N  P  F  G  M  C  N  Y  E
I  R  S  D  F  M  E  D  E  L  H  E  P  M  I
```

KLIMAT	NATUR
SAMHÄLLEN	KÄRR
MÅNGFALD	VÄXTER
FAUNA	MEDEL
FLORA	TORKA
GLOBAL	ÖVERLEVNAD
LIVSMILJÖ	HÅLLBAR
MARIN	MÄNGD
BERG	VEGETATION
NATURLIG	FRIVILLIGA

52 - Família

```
A  N  I  S  U  K  F  A  R  B  R  O  R  D  F
J  F  M  N  R  A  B  N  O  K  S  Y  S  O  A
X  F  A  R  R  M  O  D  N  R  A  B  Y  T  R
X  R  F  E  E  A  O  W  W  C  N  I  F  T  F
K  D  P  D  D  H  B  S  R  C  X  N  F  E  A
J  C  D  O  A  S  X  S  T  P  U  R  F  R  R
K  E  T  M  F  C  Y  S  Z  E  T  A  K  O  O
T  I  Z  W  R  N  O  S  R  O  R  B  F  M  M
F  M  O  U  Ö  G  B  T  T  H  B  N  B  B  R
S  S  T  I  F  T  X  K  M  E  K  R  R  C  O
T  S  O  X  W  O  E  D  A  G  R  A  O  V  M
D  R  L  E  P  W  R  T  I  R  X  B  R  N  H
M  A  K  E  D  B  H  O  W  V  K  X  X  B  D
K  D  Y  U  L  H  S  H  C  D  A  T  R  Z  O
X  S  E  Z  U  F  A  D  E  R  L  I  G  C  E
```

FÖRFADER	MODERNS
MORMOR	MOR
FARFAR	BARNBARN
BARN	FAR
FRU	FADERLIG
DOTTER	KUSIN
BARNDOM	SYSKONBARN
SYSTER	BRORSON
BROR	MOSTER
MAKE	FARBROR

53 - Férias #2

```
R C X W X W T Y X S S A P S V
R E N O I T A V R E S E R T I
N X S F B E R G U M T C I R S
L L E T O H U C K E A L A A U
X O W L A T R A K S L X G N M
A E P Ä S U O T C T P U A D I
P J C T E U R N J E G H T O C
S V K X R W S A C R Y N H O G
H J C V G N I N N Ä L T U N R
W F F F W L A P J G F R D X A
D D D R T R A N S P O R T C F
E U N O I T A N I T S E D U D
K L T B X T J A Ö F F H F H T
G M D H A I I C Y I J A T H K
N N W C T X C D T A P V S Y Z
```

FLYGPLATS
DESTINATION
UTLÄNNING
SEMESTER
FOTON
HOTELL
FRITID
KARTA
HAV
BERG

PASS
STRAND
RESERVATIONER
RESTAURANG
TAXI
TÄLT
TRANSPORT
RESA
VISUM

54 - Edifícios

```
M  S  I  R  L  L  B  T  O  R  N  T  F  L  U
A  L  O  K  S  A  Ä  B  C  F  X  E  A  A  N
T  O  I  B  Z  Z  D  G  W  A  S  A  B  B  I
A  C  B  Z  T  W  R  A  E  E  S  T  R  O  V
F  T  T  S  V  S  Å  M  G  N  U  E  I  R  E
F  Ä  N  K  E  Z  G  A  A  A  H  R  K  A  R
Ä  L  S  X  A  R  Y  I  R  L  K  E  D  T  S
R  T  D  X  V  O  V  I  A  L  U  W  T  O  I
S  T  A  D  I  O  N  A  G  E  J  L  T  R  T
N  K  S  Z  E  C  H  A  T  T  S  T  O  I  E
M  U  S  E  U  M  R  R  J  O  Y  Z  L  U  T
H  G  A  L  C  J  G  O  B  H  R  E  S  M  K
W  Y  B  K  X  R  J  T  I  Z  W  I  D  J  I
F  T  M  T  D  Y  Y  D  T  I  I  Z  U  L  T
V  Y  A  A  J  E  W  I  W  Z  M  E  L  M  D
```

LÄGENHET	SJUKHUS
SLOTT	HOTELL
LADA	LABORATORIUM
BIO	MUSEUM
AMBASSAD	OBSERVATORIUM
SKOLA	MATAFFÄR
STADION	TEATER
GÅRD	TÄLT
FABRIK	TORN
GARAGE	UNIVERSITET

55 - Aventura

```
H  N  A  T  T  N  J  T  G  S  A  A  U  N  S
Y  O  J  F  E  B  N  A  H  V  B  K  T  A  Ä
A  I  M  X  H  X  P  B  T  Ä  E  T  M  V  K
U  T  D  V  G  M  E  G  E  N  G  I  A  I  E
F  A  R  L  I  G  S  B  H  N  Y  V  N  G  R
L  N  S  X  R  O  L  A  G  E  N  I  I  E  H
K  I  K  J  Å  V  E  G  I  R  A  T  N  R  E
C  T  Ö  A  V  A  D  E  L  S  T  E  G  I  T
H  S  N  T  S  N  E  U  J  E  U  T  A  N  E
A  E  H  T  D  L  R  M  Ö  H  R  T  R  G  U
N  D  E  R  S  I  E  P  M  U  E  V  N  N  G
S  F  T  V  P  G  B  G  L  Ä  D  J  E  E  Y
R  E  S  V  Ä  G  R  U  T  F  L  Y  K  T  D
V  Y  W  I  M  C  Ö  X  D  Z  Z  A  M  F  V
K  F  J  O  N  J  F  A  K  S  T  F  R  H  H
```

GLÄDJE	OVANLIG
VÄNNER	RESVÄG
AKTIVITET	NATUR
SKÖNHET	NAVIGERING
CHANS	NY
UTMANINGAR	MÖJLIGHET
DESTINATION	FARLIG
SVÅRIGHET	FÖRBEREDELSE
ENTUSIASM	SÄKERHET
UTFLYKT	

56 - Floresta Tropical

```
Y G N I R E R U A T S E R M V
M Å N G F A L D I R W S Y O D
U A L E H K L E G N U J D L Ä
M N N J D B L G Z T F O L N G
N X O D J C S I Å K C G I X G
I I D B R P A D M F V E M R D
N V A R C Z K T G A S S O M J
S I N H E M S K E F T I A R U
E C V E N G I Y M E I D M E R
K O E S A E N L E A V D F S G
T F L Z T K A F N A I D I P E
E A R K U P T L S Y R D B E G
R D E N R Z O L K L P T I K M
O L V R U K B I A A Y J E T F
Z Y Ö I A N F T P O L H R I M
```

AMFIBIER	MOSSA
BOTANISK	NATUR
KLIMAT	MOLN
GEMENSKAP	FÅGLAR
MÅNGFALD	TILLFLYKT
ART	RESPEKT
INHEMSK	RESTAURERING
INSEKTER	DJUNGEL
DÄGGDJUR	ÖVERLEVNAD

57 - Cidade

```
N F I Z W L R E G K C V Y H R
O U Y O I B E H A D L F V E X
X P K O W D S G L S Z I B I K
T N O I D A T S L K C F N B F
E B Z N W I A K E O U R T I X
F M V D M X U D R L P R X G K
B L U K S I R T I A G E C D M
O M Y S A X A E B A G E R I A
K A H G E N N A S A L O N G T
H R O A P U G T V V I M M X A
A K T P L L M E B A N K U C F
N N E O J O A R H S Y B C G F
D A L T N C H T J U J C D F Ä
E D L E S D I B S S K W K Y R
L L A K B I B L I O T E K E A
```

FLYGPLATS
BANK
BIBLIOTEK
BIO
KLINIK
SKOLA
STADION
APOTEK
GALLERI
HOTELL

ZOO
BOKHANDEL
MARKNAD
MUSEUM
BAGERI
RESTAURANG
SALONG
MATAFFÄR
TEATER

58 - Música

```
B A L L A D E U A P S L F A I
T M I O Z M T Y R G Å S Z W M
E P Y M E E G W K D N P X N P
M I F V D L X T A I G U W I R
P H N O F O R K I M A B J N O
O H H N H D V L R V R A M S V
C R Y A F I D Y O B E L U P I
Y S X Y Y Z R Ö K W B S E S
H I A U O M B I Z S R U I L E
T N E M U R T S N I Z M K N R
R O F G U R E K I S U M A I A
U M Y U F N T N R S I A L N L
J R P O E T I S K A I E I G R
C A O P E R A T F L U D S H X
H H S Å N G P B X K D D K G T
```

ALBUM	LYRISK
BALLAD	MELODI
SJUNGA	MIKROFON
SÅNGARE	MUSIKALISK
KLASSISK	MUSIKER
KÖR	OPERA
INSPELNING	POETISK
HARMONI	RYTM
IMPROVISERA	TEMPO
INSTRUMENT	SÅNG

59 - Matemática

```
S  B  K  I  T  S  F  D  G  F  S  D  V  P  D
Y  L  C  R  L  B  W  D  X  R  X  F  O  P  E
M  D  V  T  Z  D  R  C  W  A  O  S  L  V  C
M  F  H  E  M  J  G  H  I  K  S  T  Y  C  I
E  B  O  M  K  R  E  T  S  T  D  U  M  B  M
T  Z  Z  O  U  G  V  S  D  I  T  A  M  P  A
R  E  T  E  M  A  I  D  U  O  M  I  Y  M  L
I  A  U  G  T  J  H  F  L  N  P  L  Z  N  A
Y  X  L  A  R  I  T  M  E  T  I  S  K  N  H
E  E  U  K  M  I  L  E  G  N  A  T  K  E  R
M  Y  G  F  N  N  D  T  N  E  N  O  P  X  E
N  X  B  X  S  I  X  O  A  V  I  X  F  N  G
J  T  E  K  W  D  V  Y  I  D  R  A  D  I  E
P  O  L  Y  G  O  N  O  R  T  M  Y  V  A  L
W  E  H  V  J  T  A  L  T  V  I  J  F  O  N
```

ARITMETISK	POLYGON
VINKLAR	TORG
OMKRETS	RADIE
DECIMAL	REKTANGEL
DIAMETER	SYMMETRI
EXPONENT	SUMMA
FRAKTION	TRIANGEL
GEOMETRI	VOLYM
TAL	

60 - Saúde e Bem Estar #1

```
H F U Z A P O T E K R X F Z W
V Ö R A K Y W S A I E A X J H
E Z J A C L B D V N F B T Z V
B T G D K A N T K I L V X R R
T A N U B T E T O L E I W E G
E O K H K G U N P K X T X V R
R H R T R C F R P L Ä K A R E
A U V I E G N I L D N A H E B
P N L L N R L C I B E N O N M
I G E O O L I J N I C I D E M
Y E O W M L O E G I I L I H G
E R H H R S M H Å L L N I N G
I X F R O Y H V A N A C Y B G
V E S G H V I R U S A P M L Y
M G B K M P S R L J G I I L H
```

HÖJD
AKTIV
BAKTERIE
KLINIK
LÄKARE
APOTEK
HUNGER
FRAKTUR
VANA
HORMONER

MEDICIN
NERVER
BEN
HUD
HÅLLNING
REFLEX
AVKOPPLING
TERAPI
BEHANDLING
VIRUS

61 - Natureza

```
O  D  D  Y  K  S  H  F  E  R  Z  W  D  S  M
P  I  C  H  F  V  H  J  G  M  D  E  R  K  Y
A  M  A  R  K  T  I  S  K  V  J  L  K  Ö  Ö
G  M  D  S  U  F  L  Ö  V  V  E  R  K  N  K
D  A  T  S  I  R  F  C  P  I  G  Ä  S  H  E
T  L  U  F  O  N  H  O  G  I  G  I  I  E  N
A  R  U  U  T  K  B  E  P  N  D  C  M  T  L
V  I  O  G  O  K  S  U  Y  V  R  A  A  R  O
G  R  F  P  N  I  B  U  Y  I  D  L  N  A  M
Ö  J  H  R  I  L  E  D  O  L  F  G  Y  M  A
R  T  Y  O  E  S  D  J  V  D  J  L  D  R  Y
A  J  Z  D  W  D  K  U  J  M  E  G  T  T  D
N  C  W  P  I  W  L  R  H  Z  O  B  F  O  S
D  U  K  F  M  N  O  I  S  O  R  E  D  X  P
E  G  I  G  D  J  D  C  G  Z  U  J  H  T  D
```

BIN	GLACIÄR
SKYDD	DIMMA
DJUR	MOLN
ARKTISK	FREDLIG
SKÖNHET	FLOD
ÖKEN	FRISTAD
DYNAMISK	VILD
EROSION	LUGN
SKOG	TROPISK
LÖVVERK	AVGÖRANDE

62 - A Empresa

```
I N G L E D E M M T E P W N K
J S S L A U S D Ö H N U P W X
F K G E H B D H J K H I S J B
R D N N E I O T L H E K I H H
A G I O Z D Y L I T T V N L I
M W R I S K E R G R E A D G I
S K E S E A G M H E R L U A N
T W T S K J F A E N S I S K K
E D S E T K Y R T D N T T R O
G F E F X P Z J C E B E R E M
H H V O R R P T K R R T I A S
T X N R P R O D U K T Ö U T T
K V I P B E S L U T Z H F I T
P R E S E N T A T I O N G V X
I N N O V A T I V T I M J B R
```

PRESENTATION	PROFESSIONELL
KREATIV	FRAMSTEG
BESLUT	KVALITET
GLOBAL	INKOMST
INDUSTRI	MEDEL
INNOVATIVT	RYKTE
INVESTERING	RISKER
FÖRETAG	TRENDER
MÖJLIGHET	ENHETER
PRODUKT	

63 - Doença

```
B  S  M  I  T  T  S  A  M  P  P  O  R  K  T
D  E  T  E  W  O  F  T  U  N  B  G  E  Y  E
L  Y  N  J  M  K  B  R  K  R  M  T  S  D  R
K  J  W  H  Z  L  B  Ä  Y  O  N  A  P  Z  A
Y  M  U  S  W  G  K  J  F  B  H  K  I  H  P
H  L  Z  G  E  V  K  H  J  T  Ä  G  R  F  I
Ä  I  M  M  U  N  I  T  E  T  L  W  A  A  H
G  R  E  I  G  R  E  L  L  A  S  W  T  V  K
E  M  F  B  I  B  U  F  D  L  A  Z  O  S  S
N  X  I  T  A  P  O  R  U  E  N  A  R  Y  I
E  E  I  L  L  E  N  O  M  L  U  P  I  N  N
T  B  U  K  T  I  K  E  H  X  A  C  S  D  O
I  R  R  E  N  E  G  O  T  A  P  U  K  R  R
S  I  N  F  L  A  M  M  A  T  I  O  N  O  K
K  L  Ä  N  D  R  Y  G  G  E  N  W  E  M  R
```

BUK	INFLAMMATION
ALLERGIER	LÄNDRYGGEN
SMITTSAM	NEUROPATI
HJÄRTA	BEN
KROPP	PATOGENER
KRONISK	PULMONELL
SVAG	RESPIRATORISK
GENETISK	HÄLSA
ÄRFTLIG	SYNDROM
IMMUNITET	TERAPI

64 - Aquecimento Global

```
U  V  R  R  I  D  B  F  N  J  L  L  A  H  X
Z  B  E  E  R  K  E  O  B  E  T  A  O  N  R
K  Y  N  Ö  A  S  F  R  N  I  W  G  T  P  K
D  O  O  J  I  Z  O  S  C  V  T  S  I  A  I
U  M  I  L  J  Ö  L  K  S  A  H  T  G  T  D
T  Z  T  I  F  A  K  A  O  T  S  I  R  K  U
V  B  A  M  R  B  N  R  L  F  A  F  E  N  T
E  C  R  S  A  K  I  E  W  Z  G  T  N  I  D
C  V  E  V  M  E  N  R  O  M  W  N  E  Z  K
K  O  N  I  T  J  G  E  T  A  M  I  L  K  X
L  F  E  L  I  T  A  H  O  S  X  N  N  N  T
I  X  G  C  D  R  R  D  G  C  U  G  B  R  U
N  A  R  K  T  I  S  K  V  B  Y  D  X  C  E
G  W  S  R  E  S  N  E  V  K  E  S  N  O  K
R  E  G  E  R  I  N  G  G  O  B  O  W  I  K
```

NU	ENERGI
MILJÖ	FRAMTID
ARKTISK	GAS
FORSKARE	GENERATIONER
KLIMAT	REGERING
KONSEKVENSER	LIVSMILJÖER
KRIS	INDUSTRI
DATA	LAGSTIFTNING
UTVECKLING	BEFOLKNINGAR

65 - Aviões

```
B  T  G  N  I  N  T  T  Ä  S  E  B  B  K  X
A  C  F  R  A  K  G  P  C  R  L  Y  L  O  T
L  P  M  S  K  V  P  Z  E  I  S  W  Å  N  Y
L  L  I  R  S  F  I  H  C  E  N  C  S  S  N
O  Ä  R  L  R  W  T  G  L  R  Ä  M  A  T  B
N  V  I  M  O  E  U  N  E  A  R  M  U  R  L
G  E  K  U  T  T  R  I  M  R  B  H  P  U  U
Z  N  T  R  O  Ä  B  N  M  E  A  Ö  P  K  F
D  T  N  Ä  M  V  U  D  I  G  U  J  O  T  T
H  Y  I  F  Y  G  L  N  H  A  V  D  D  I  P
J  R  N  S  W  T  E  A  G  S  Y  D  M  O  J
X  E  G  O  R  G  N  L  L  S  A  W  U  N  I
W  C  I  M  V  O  S  A  O  A  I  U  I  R  F
H  I  S  T  O  R  I  A  T  P  H  R  Y  E  X
H  V  X  A  H  Ä  R  K  O  M  S  T  R  R  A
```

HÖJD	RIKTNING
LUFT	VÄTE
LANDNING	HISTORIA
ATMOSFÄR	BLÅSA UPP
ÄVENTYR	MOTOR
BALLONG	NAVIGERA
HIMMEL	PASSAGERARE
BRÄNSLE	PILOT
KONSTRUKTION	BESÄTTNING
HÄRKOMST	TURBULENS

66 - Tipos de Cabelo

```
S  C  M  Y  W  C  L  V  U  O  Y  S  N  J  Y
K  N  N  M  O  G  B  M  O  S  T  L  X  Z  B
I  W  W  P  S  I  L  V  E  R  A  K  C  O  L
N  N  U  T  U  L  W  F  T  V  Å  G  I  G  O
A  R  T  O  N  L  D  F  I  J  T  O  R  R  N
N  D  C  I  G  A  F  L  V  X  O  H  Z  S  D
D  L  N  L  R  K  R  Ä  D  W  S  C  P  F  P
E  S  O  L  E  S  I  T  G  R  Å  E  K  T  P
B  S  E  C  R  Z  S  A  Y  Z  Z  F  U  T  A
X  O  V  H  S  K  D  Y  Z  T  I  J  T  R
C  H  B  A  R  I  A  N  C  L  A  I  M  D  T
V  M  R  G  R  Z  G  G  F  Ä  R  G  A  D  V
N  D  U  K  F  T  R  T  F  L  Ä  T  O  R  K
N  D  N  T  U  U  A  G  F  S  K  I  F  K  E
O  T  B  C  Z  U  K  W  L  Å  N  G  X  S  P
```

VIT	LÅNG
SKINANDE	BRUN
LOCKAR	VÅGIG
SKALLIG	SILVER
GRÅ	SVART
FÄRGAD	FRISKA
LOCKIGT	TORR
TUNN	MJUK
TJOCK	FLÄTAD
BLOND	FLÄTOR

67 - Formas

```
V K P C W R L U T X P L I H T
R N U Y I K B M A L A I H Y R
V D A B R R G Y F Z K N Z P I
B L V J Ä A K E K K X J D E A
B P C P F R M E C U B E T R N
C O I J S E V I L H L F S B G
A L L T P K O O D S I D A E E
K Y X J I T O I I L W B V L L
A G L G L A V R U K R W B J I
Y O J M L N O K M L H V Å Y G
K N A S E G P R I S M A G B D
W M K R R E D N I L Y C E X D
O V A L S L I R L K I T O R G
D Z B D T V L Ö U X O P R H G
N D X B K L N H A L K N P A I
```

BÅGE   SIDA
HÖRN   LINJE
CYLINDER   OVAL
CIRKEL   PYRAMID
KON   POLYGON
KUB   PRISMA
KURVA   TORG
ELLIPS   REKTANGEL
SFÄR   TRIANGEL
HYPERBEL

68 - Dias e Meses

```
P  M  V  E  C  K  A  J  F  T  R  Y  L  T  E
J  H  Å  W  V  G  F  A  E  I  E  Y  X  P  R
M  X  T  N  O  H  O  N  B  S  B  N  I  C  E
O  P  N  O  D  F  L  U  R  D  M  Å  N  A  D
W  H  B  Z  R  A  L  A  U  A  E  Z  W  J  N
Y  J  U  L  I  S  G  R  A  G  C  T  H  A  E
A  P  R  I  L  K  D  I  R  C  E  U  W  X  L
L  J  E  N  S  D  N  A  I  A  D  K  V  S  A
Ö  H  B  U  U  Ö  L  Z  G  K  T  F  M  B  K
R  S  M  J  K  D  N  H  H  R  Z  R  W  X  S
D  N  E  J  M  R  B  D  I  P  M  E  Z  S  X
A  E  V  F  Z  M  T  R  A  U  C  D  K  L  U
G  U  O  O  G  I  T  S  U  G  U  A  Å  R  W
J  M  N  O  K  T  O  B  E  R  R  G  G  O  S
S  E  P  T  E  M  B  E  R  D  R  L  G  M  A
```

APRIL	MÅNAD
AUGUSTI	NOVEMBER
ÅR	OKTOBER
KALENDER	TORSDAG
DECEMBER	LÖRDAG
SÖNDAG	MÅNDAG
FEBRUARI	VECKA
JANUARI	SEPTEMBER
JULI	FREDAG
JUNI	TISDAG

69 - Saúde e Bem Estar #2

```
H  S  M  A  T  S  M  Ä  L  T  N  I  N  G  E
U  P  J  Å  T  E  R  H  Ä  M  T  N  I  N  G
W  C  J  U  I  N  F  E  K  T  I  O  N  E  A
Y  P  K  G  K  U  Y  L  B  M  R  B  I  M  S
C  W  T  Y  W  D  F  N  I  M  A  T  I  V  S
U  L  U  J  Z  O  O  Z  I  G  R  E  L  L  A
I  G  I  E  U  L  F  M  R  E  R  E  Z  P  M
B  W  K  U  U  B  H  L  O  N  C  E  P  A  U
S  H  Y  G  I  E  N  Y  L  E  A  H  N  Z  D
F  J  B  G  A  L  Y  S  A  T  N  K  S  E  I
R  H  U  B  K  O  S  T  K  I  A  H  D  R  H
I  X  H  K  H  U  M  Ö  R  K  T  I  T  P  A
S  V  Z  D  H  K  R  O  P  P  O  A  K  A  K
K  I  T  V  G  U  H  J  T  K  M  F  I  H  F
A  H  N  F  S  A  S  O  L  N  I  Z  V  M  I
```

ALLERGI	HYGIEN
ANATOMI	SJUKHUS
APTIT	HUMÖR
KALORI	INFEKTION
KROPP	MASSAGE
KOST	VIKT
MATSMÄLTNING	ÅTERHÄMTNING
SJUKDOM	BLOD
ENERGI	FRISKA
GENETIK	VITAMIN

70 - Geografia

```
G  K  N  S  D  W  D  A  T  S  A  L  T  A  C
X  T  O  L  K  V  L  A  H  V  H  N  S  H  G
Y  C  Z  N  K  A  R  T  A  Ä  W  J  O  P  F
D  W  L  H  T  G  Ä  M  O  S  V  G  L  F  L
O  T  T  U  U  I  V  J  C  T  A  V  B  B  M
M  E  F  O  H  R  N  R  R  G  P  U  O  O  E
R  R  H  C  B  Z  R  E  B  T  I  B  R  L  R
Å  R  T  J  W  X  M  D  N  T  G  V  J  B  I
D  I  N  S  F  D  J  Ö  H  T  L  Y  Y  E  D
E  T  V  O  K  H  W  S  Y  G  A  N  F  X  I
I  O  N  G  R  X  A  P  K  V  N  Y  H  C  A
K  R  H  A  D  R  B  V  S  I  D  O  L  F  N
M  I  Y  F  A  K  E  Y  L  O  A  C  D  K  V
O  U  A  M  D  A  R  G  D  D  E  R  B  R  X
X  M  D  U  T  I  G  N  O  L  R  X  C  T  I
```

HÖJD	BERG
ATLAS	VÄRLD
STAD	NORR
KONTINENT	VÄST
HALVKLOT	LAND
BREDDGRAD	OMRÅDE
LONGITUD	FLOD
KARTA	SÖDER
HAV	TERRITORIUM
MERIDIAN	

71 - Antártica

```
W M M V C Y M G E O G R A F I
I Y I A S S I K N C R W U N K
H C L T A G N O I T A R G I M
K Y J T B Y E D N A R A V E B
V O Ö E H B R E N I V G N I P
G A N N S V A L O C Z I N R M
L F L T A C L K U G A N B P P
A O M A I G E I L P E E M D G
C R E F R N R A Ö V C T K O S
I S M Z E U E U G X A S B U T
Ä K A B U W J N D P F T S Z X
R A R R J D I U T I J E C E T
E R K R V T E M P E R A T U R
R E N O I T I D E P X E D D X
D I Z H K H A L V Ö I M U S C
```

MILJÖ	GEOGRAFI
VATTEN	ÖAR
VIK	FORSKARE
VALAR	MIGRATION
BEVARANDE	MINERALER
KONTINENT	HALVÖ
EXPEDITION	PINGVINER
GLACIÄRER	STENIG
IS	TEMPERATUR

72 - Flores

```
N  I  R  Y  V  V  J  K  G  J  C  P  R  A  O
A  R  P  K  D  M  P  D  H  P  E  D  I  Z  K
P  L  U  M  E  R  I  A  J  L  I  L  N  M  S
L  Z  L  E  D  N  E  V  A  L  R  C  G  A  O
U  C  D  A  L  I  L  V  N  O  I  P  B  G  V
T  R  A  J  C  P  O  F  Ö  M  U  A  L  N  A
V  A  L  L  T  U  D  L  K  L  R  N  O  O  L
H  I  B  I  S  K  U  S  S  J  K  C  M  L  L
S  N  N  L  O  M  F  I  N  M  A  I  M  I  M
O  E  O  K  R  O  U  U  E  O  E  S  A  A  O
L  D  R  S  K  R  N  E  S  X  I  T  M  Z  R
R  R  K  Å  S  K  H  K  U  S  H  I  D  I  G
O  A  C  P  A  I  R  M  T  T  E  K  U  B  N
S  G  P  N  M  D  D  L  Y  H  L  P  L  U  T
H  T  F  R  S  É  D  C  K  W  X  K  I  P  K
```

BUKETT	MAGNOLIA
RINGBLOMMA	TUSENSKÖNA
MASKROS	PÅSKLILJA
GARDENIA	ORKIDÉ
SOLROS	VALLMO
HIBISKUS	PION
JASMIN	KRONBLAD
LAVENDEL	PLUMERIA
LILA	KLÖVER
LILJA	TULPAN

73 - Fazenda #1

```
S S H M S G X D I E J K I N P
V C S K T R A A D C O K A R M
V H M P A L A F M I R C C L B
F Ä L T K V V E B H D Y K C V
T O E S E J H G R I B N G V G
D Z S H T F T R C M R U U I E
D Y D I Å F X I G N U N O H T
E K Ö Z S S N S N E K C O L F
Y E G M N D F V I T E E H Ö G
Z D U R A V S G L T O V O F S
Z Y G S I Z A Z K A K Å R K K
L C D D H S U Z C V T D W E A
G X G Y Ä A X X Y F B J S V T
T K C M S A R W K O J S F C T
D W X N T B Y T A R D J Y E L
```

BI	STAKET
JORDBRUK	KRÅKA
RIS	HÖ
VATTEN	GÖDSEL
KALV	KYCKLING
ÅSNA	KATT
GET	HONUNG
FÄLT	GRIS
HÄST	FLOCK
HUND	KO

74 - Livros

```
Ä  L  T  A  J  F  S  E  B  K  K  S  I  P  E
S  V  I  R  K  S  E  B  P  A  S  A  D  I  S
H  T  E  T  I  L  A  U  D  R  I  M  T  I  E
E  K  R  N  T  E  Z  Z  T  A  R  M  R  U  W
N  I  A  A  T  E  T  M  V  K  O  A  A  S  H
O  D  T  V  H  Y  R  X  Z  T  T  N  G  M  K
O  O  T  E  C  Y  R  Ä  H  Ä  S  H  I  R  A
H  T  A  L  E  Z  P  C  R  R  I  A  S  O  C
D  K  F  E  R  A  Ä  L  R  H  N  K  M  W
Z  U  R  R  S  A  M  L  I  N  G  G  N  A  B
G  X  Ö  B  E  R  Ä  T  T  A  R  E  R  N  P
A  J  F  S  A  T  G  V  P  O  A  R  A  P  O
B  E  R  Ä  T  T  E  L  S  E  G  Z  D  P  E
G  Z  S  B  O  R  O  K  Y  K  G  P  H  Y  S
T  Z  P  P  Z  C  V  Z  A  G  B  A  S  D  I
```

FÖRFATTARE	LITTERÄR
ÄVENTYR	BERÄTTARE
SAMLING	SIDA
SAMMANHANG	KARAKTÄR
DUALITET	DIKT
SKRIVS	POESI
EPISK	RELEVANT
BERÄTTELSE	ROMAN
HISTORISK	RAD
LÄSARE	TRAGISK

75 - Governo

```
D E M O K R A T I H M J M D S
D E D N E O R E B O O Ä E I Y
T J Z Z A L T A L O N M D S M
U N Z Y C T A B B S U L B K B
Z T B K U G I G O R M I O U O
S T A T A X V O C R E K R S L
D I S T R I K T N U N H G S Y
P O L I T I K C Z E T E A I T
O S V H G D S F W L L T R O X
R Ä T T S L I G L J I L S N L
R Ä T T V I S A J X V L K A E
G R M D J B T T N O I T A N D
X J B M A R L Z V Y C T P G A
F R I H E T G L I R V R I S R
K O N S T I T U T I O N N I E
```

MEDBORGARSKAP
CIVIL
KONSTITUTION
DEMOKRATI
TAL
DISKUSSION
DISTRIKT
STAT
JÄMLIKHET
OBEROENDE

RÄTTSLIG
RÄTTVISA
LAG
FRIHET
LEDARE
MONUMENT
NATIONELL
NATION
POLITIK
SYMBOL

76 - Jardinagem

```
B  T  X  E  T  C  A  Z  M  X  E  E  W  L  F
A  O  E  P  Y  K  B  L  O  M  M  I  G  Ö  R
U  Z  T  A  M  I  L  K  J  D  X  F  K  V  U
V  L  R  A  N  X  T  R  D  O  E  L  O  V  K
K  J  A  Y  N  E  T  T  A  V  R  G  M  E  T
S  L  A  N  G  I  L  T  Ä  F  A  D  P  R  T
I  B  B  Ö  S  N  S  E  Y  U  L  F  O  K  R
T  L  Z  R  C  A  P  K  L  K  L  F  S  W  Ä
O  O  Z  F  B  R  Z  U  X  T  Å  O  T  U  D
X  M  E  J  V  R  S  B  B  S  H  B  N  Z  G
E  M  R  O  E  H  M  P  S  M  E  B  L  Z  Å
W  A  R  X  B  H  U  H  W  D  B  L  L  G  R
V  F  D  L  X  Y  T  B  L  H  T  B  M  A  D
Y  S  M  S  D  G  S  T  L  N  N  U  W  X  D
P  Z  H  C  B  R  I  Z  C  E  P  Y  T  P  S
```

VATTEN	BLAD
BOTANISK	LÖVVERK
BUKETT	SLANG
KLIMAT	FRUKTTRÄDGÅRD
ÄTLIG	BEHÅLLARE
KOMPOST	FRÖN
ART	JORD
EXOTISK	SMUTS
BLOMMA	FUKT
BLOMMIG	

77 - Profissões #2

```
C U O L F I L O S O F U F L B
B I E I Z O O L O G I P O Ä I
R Ö J N E G N I P U Y P T K O
E W X G G D M I K A E F O A L
U U E V T P N H F T O I G R O
B K R I X K X O M Z N R E G
E O N S H K G N B K E N A R I
R C T T D A D P I I M A F A D
A S T R O N A U T R Å R B K E
R D O K B L R V H U L E I Ä T
Ä N L J R P I Y W R A L A L E
L E C L B J N P U G R Y E D K
F O R S K A R E C H E D J N T
B I B L I O T E K A R I E A I
J O U R N A L I S T I J M T V
```

BONDE
ASTRONAUT
BIBLIOTEKARIE
BIOLOG
KIRURG
TANDLÄKARE
DETEKTIV
INGENJÖR
FILOSOF
FOTOGRAF

UPPFINNARE
FORSKARE
JOURNALIST
LINGVIST
LÄKARE
PILOT
MÅLARE
LÄRARE
ZOOLOG

78 - Café

```
E V B P K S V A R T U I T U H
A S F V O A T T C Z R N Z H A
R R F N P R M Z D F S K U E N
O E E A P I L S I R P I Z R U
M O F H M P T S Y O R C V J V
V K N J D O K Y T U U B O U H
Ä K W M V N R D W Z N V U I F
T M W L N K H G B L G P X Y O
S U L B I E X N O F M J Ö L K
K T W U A M R Ä T N D R Y C K
A G R Ä D D E M M J E G M C S
P Z O G R E T L I F D T N D K
M A T R D A T S O R F I T V R
D B U B P N I E F F O K V A A
F H W N C J B O S O C K E R V
```

SOCKER	MJÖLK
BITTER	VÄTSKA
AROM	MORGON
ROSTAD	SLIPA
VATTEN	URSPRUNG
DRYCK	PRIS
KOFFEIN	SVART
KOPP	SMAK
GRÄDDE	MÄNGD
FILTER	

79 - Negócios

```
I  S  A  R  B  E  T  S  G  I  V  A  R  E  D
G  N  I  R  E  T  S  E  V  N  I  R  O  L  A
D  A  K  I  T  U  B  P  V  T  L  A  R  V  N
U  N  R  O  V  S  V  O  J  A  G  R  A  H  S
C  I  K  H  M  U  S  A  I  D  L  Y  V  S  T
P  F  D  G  P  S  I  M  L  R  E  U  G  S  Ä
E  H  T  Y  D  U  T  F  S  Z  K  V  T  R  L
N  K  T  M  N  P  Z  W  V  N  O  I  E  A  L
G  C  A  K  O  S  T  A  P  K  N  N  G  F  D
A  F  B  R  E  T  T  A  K  S  O  S  D  A  K
R  H  A  O  R  E  D  O  G  L  M  T  U  B  G
T  K  R  T  M  I  D  M  P  X  I  W  B  R  F
G  N  I  N  J  L  Ä  S  R  Ö  F  J  E  I  Y
C  L  S  O  U  V  S  R  F  D  C  W  X  K  W
F  X  P  K  F  Ö  R  E  T  A  G  K  M  P  J
```

KARRIÄR	FINANS
KOSTA	SKATTER
RABATT	INVESTERING
PENGAR	BUTIK
EKONOMI	VINST
ANSTÄLLD	VAROR
ARBETSGIVARE	VALUTA
FÖRETAG	BUDGET
KONTOR	INKOMST
FABRIK	FÖRSÄLJNING

82 - Oceano

```
Y  L  J  T  Y  U  S  L  F  D  L  J  U  X  E
W  F  D  W  N  O  K  S  B  D  E  R  G  F  B
T  W  A  K  Ä  R  Ö  U  L  V  E  L  T  X  F
U  E  B  N  O  X  L  C  Ä  A  T  Å  F  L  C
U  P  B  A  R  S  D  B  C  L  O  G  Y  I  S
S  V  A  M  P  N  P  Å  K  H  N  T  G  E  N
I  E  R  W  R  C  A  T  F  I  F  N  U  X  O
X  R  K  G  D  Y  D  L  I  V  I  A  A  S  R
X  L  J  J  H  J  D  A  S  V  S  G  W  A  T
M  E  T  G  G  J  A  S  K  A  K  R  G  L  S
A  L  G  E  R  H  A  J  E  Z  H  J  X  X  O
N  W  Z  R  N  E  T  T  A  V  D  I  T  S  G
G  Y  W  D  U  A  F  I  S  K  S  T  O  R  M
K  O  R  A  L  L  M  N  L  B  N  U  A  M  T
T  S  R  G  L  D  R  O  P  O  L  P  Y  X  X
```

ALGER
TONFISK
VAL
BÅT
RÄKA
KRABBA
KORALL
ÅL
SVAMP
DELFIN

TIDVATTEN
MANET
OSTRON
FISK
BLÄCKFISK
REV
SALT
SKÖLDPADDA
STORM
HAJ

83 - Profissões #1

```
P  J  F  V  R  S  P  M  S  C  W  W  O  J  J
S  Ä  O  E  T  W  I  U  U  J  U  P  K  R  F
Y  G  R  T  D  H  A  S  S  P  Ö  R  V  D  F
K  A  S  E  R  A  N  I  D  G  R  M  H  N  R
O  R  K  R  O  R  I  K  N  A  B  E  A  A  Ö
L  E  A  I  B  A  S  E  G  R  N  U  W  N  T
O  R  R  N  O  R  T  R  Ä  N  T  S  N  O  K
G  A  E  Ä  P  F  A  R  G  O  T  R  A  K  A
O  K  U  R  L  G  J  N  N  V  V  N  G  R  D
G  O  L  O  E  G  E  D  D  U  E  B  C  A  E
L  M  A  D  V  O  K  A  T  M  H  Z  N  C  R
E  R  A  R  E  L  E  V  U  J  A  C  J  E  F
U  Ö  P  A  S  T  R  O  N  O  M  N  L  A  U
S  R  S  J  U  K  S  K  Ö  T  E  R  S  K  A
A  M  B  A  S  S  A  D  Ö  R  J  E  D  F  H
```

ADVOKAT	AMBASSADÖR
KONSTNÄR	RÖRMOKARE
ASTRONOM	SJUKSKÖTERSKA
BANKIR	GEOLOG
BRANDMAN	JUVELERARE
JÄGARE	SJÖMAN
KARTOGRAF	MUSIKER
FORSKARE	PIANIST
DANSARE	PSYKOLOG
REDAKTÖR	VETERINÄR

84 - Força e Gravidade

```
M  S  I  T  E  N  G  A  M  U  L  J  C  W  X
F  A  N  E  A  N  A  B  S  P  P  O  L  M  O
C  R  G  I  H  D  N  J  K  P  P  T  K  F  E
J  T  I  N  T  E  H  G  I  T  S  A  H  Y  X
E  K  T  K  I  V  W  V  W  Ä  C  P  U  S  P
L  E  X  A  T  T  Z  E  F  C  E  L  N  I  A
L  F  R  D  V  I  U  M  Y  K  N  A  I  K  N
P  F  E  K  Z  S  O  D  I  T  T  N  V  C  S
Z  E  I  S  I  R  T  N  X  V  R  E  E  Y  I
B  B  V  I  M  M  B  Å  A  H  U  T  R  R  O
A  I  Y  M  P  K  Z  D  N  W  M  E  S  T  N
L  U  K  A  N  V  Z  B  W  D  C  R  E  I  M
E  G  E  N  S  K  A  P  E  R  G  O  L  Z  E
F  V  D  Y  M  E  K  A  N  I  K  H  L  M  A
B  F  D  D  S  I  R  N  G  D  M  C  N  W  R
```

FRIKTION	MAGNITUD
CENTRUM	MEKANIK
UPPTÄCKT	OMLOPPSBANA
DYNAMISK	VIKT
AVSTÅND	PLANETER
AXEL	TRYCK
EXPANSION	EGENSKAPER
FYSIK	HASTIGHET
EFFEKT	TID
MAGNETISM	UNIVERSELL

85 - Abelhas

```
B  M  E  T  S  Y  S  O  K  E  I  K  L  B  M
R  I  Z  O  R  O  M  M  O  L  B  K  I  L  B
Y  N  K  K  R  Ä  E  A  Y  T  B  M  V  O  H
A  N  Ö  U  Z  G  D  P  H  X  D  Å  S  M  O
F  U  R  D  P  R  A  G  N  I  V  N  M  M  N
S  V  Ä  R  M  A  U  G  Å  H  U  G  I  A  U
C  X  T  K  E  S  N  I  T  R  C  F  L  D  N
H  G  N  I  N  T  T  O  R  D  D  A  J  U  G
R  C  K  I  V  T  X  S  O  L  R  L  Ö  F  R
S  R  N  G  G  K  A  Ä  K  W  N  D  I  O  S
R  Z  E  P  W  U  V  D  V  Y  H  X  C  E  N
V  Ä  L  G  Ö  R  A  N  D  E  Z  L  D  E  E
Z  B  L  N  E  F  M  N  Y  I  E  T  N  W  R
X  X  O  B  M  B  T  D  R  H  J  I  F  P  E
G  T  P  L  U  Y  V  X  A  B  O  S  C  K  A
```

VINGAR	RÖK
VÄLGÖRANDE	LIVSMILJÖ
VAX	INSEKT
BIKUPA	TRÄDGÅRD
MÅNGFALD	HONUNG
EKOSYSTEM	VÄXTER
SVÄRM	POLLEN
BLOMMA	DROTTNING
BLOMMOR	SOL
FRUKT	

86 - Ciência

```
F  P  A  R  T  I  K  L  A  R  L  Z  A  V  A
L  A  U  S  N  M  I  X  B  V  H  C  J  Ä  L
A  T  K  E  G  B  C  E  I  U  K  F  M  X  L
B  A  M  T  R  F  O  R  S  K  A  R  E  T  V
O  D  I  O  U  P  Z  G  O  U  M  O  W  E  A
R  O  N  P  T  M  M  V  N  Y  E  E  N  R  R
A  R  E  Y  A  A  T  O  M  N  W  O  T  X  Y
T  G  R  H  N  O  I  T  U  L  O  V  E  O  G
O  A  A  B  P  N  N  A  K  I  S  Y  F  K  D
R  N  L  F  E  M  A  M  S  S  H  K  U  E  N
I  I  E  I  N  F  K  I  N  S  F  H  P  M  X
U  S  R  N  W  T  N  L  D  O  K  M  M  I  G
M  M  C  Z  L  Y  W  K  W  F  S  O  S  S  D
O  B  S  E  R  V  A  T  I  O  N  O  G  K  U
M  O  L  E  K  Y  L  E  R  I  S  D  K  A  O
```

ATOM	LABORATORIUM
FORSKARE	METOD
KLIMAT	MINERALER
DATA	MOLEKYLER
EVOLUTION	NATUR
FAKTUM	OBSERVATION
FYSIK	ORGANISM
FOSSIL	PARTIKLAR
ALLVAR	VÄXTER
HYPOTES	KEMISK

87 - Comida #1

```
J S B J N T J R P W J H P S K
H O A P P O S R O H S J H M A
C V R L V A X B L D K E M I N
T I T D T A N E P S K J O N E
Z T T V G D B A P R I K O S L
A V O R I U S A L L A D T K J
K O R N O C B T O N F I S K U
I Z F C W N Z B B T S K D Ö I
L V I T L Ö K M J Ö L K B L C
I S O C K E R M D G K Z C J E
S G P E R G B O A T L F M O R
A K A K A Z O R G J Z U C N R
B W D A E K X O J O R D N Ö T
H A C C W B J T X O H Y E X M
K O O S H O O W P W G R K X E
```

SOCKER
VITLÖK
JORDNÖT
TONFISK
KAKA
KANEL
LÖK
MOROT
KORN
APRIKOS

SPENAT
MJÖLK
CITRON
BASILIKA
JORDGUBB
ROVA
SALT
SALLAD
SOPPA
JUICE

88 - Geometria

```
M T N E M L L E L L A R A P Z
I E Z R E N P Z K G P X Y S B
R O O O D J Ö H E V M E Z Z H
T R J Y I U B S J P A N A V N
E I R X A A E N P N B T O G O
M F S H N V X J J P I T I A I
M A V R U K B K N X H N A O S
Y T S H O R I S O N T E L L N
S J U S S F E K P L R M E E E
L E G N A I R T J B Y G K D M
L O G I K D G X E Z T E N N I
C I R K E L D I D M A S I A D
Y V G L X U W W E W A H V N H
B E R Ä K N I N G I J I P C F
X V O D V E R T I K A L D E U
```

HÖJD
VINKEL
BERÄKNING
CIRKEL
KURVA
DIAMETER
DIMENSION
EKVATION
HORISONTELL
LOGIK

MASSA
MEDIAN
PARALLELL
ANDEL
SEGMENT
SYMMETRI
YTA
TEORI
TRIANGEL
VERTIKAL

89 - Pássaros

```
H N O V A Y U F G P Ä X W P V
N B I N B I E L L I F G C R P
B L S A J Y B V R A P S G E D
Z T N C G S T V S Å M N U N U
S T R U T S T F S A O I S K V
O G Y O A B A L Z Y T V N Ö A
P U M T E E L G V J G G A G J
K A C D Ö R N F W N M N V N O
A N K A K Å R K A W B I S I G
G S I X I X Y R W E C P V L E
R R P C C Y S O I R V N M K P
P E L I K A N T P H O V P C A
L E G Å F Å P S G J L N Z Y P
Z N Y Ä C V N K O D E D V K Y
D Z M P H G Å S T O I D O P I
```

STRUTS
ÖRN
STORK
SVAN
KRÅKA
GÖK
FLAMINGO
KYCKLING
MÅS
GÅS

HÄGER
ÄGG
PAPEGOJA
SPARV
ANKA
PÅFÅGEL
PELIKAN
PINGVIN
DUVA
TOUCAN

90 - Virtudes #1

```
E  H  J  Ä  L  P  S  A  M  B  K  Z  Z  Z  F
D  P  G  X  D  H  K  H  J  A  G  L  T  P  A
N  E  K  I  F  Y  N  T  P  J  Y  V  O  O  N
E  T  W  G  V  A  T  R  O  L  I  G  Y  K  T
O  N  P  A  S  S  I  O  N  E  R  A  D  S  A
R  E  S  K  M  H  Z  D  C  G  L  G  S  T  S
E  G  R  E  N  P  O  O  T  E  H  Z  S  D  I
B  I  C  H  A  R  M  I  G  N  X  T  H  I  F
O  L  X  M  R  E  P  N  Y  E  E  W  D  J  U
M  L  Y  M  B  K  Z  W  Z  R  A  I  E  E  L
K  E  Y  G  X  Ä  B  B  J  Ö  F  S  T  G  L
A  T  H  H  S  S  F  H  E  S  U  T  G  A  E
A  N  V  S  F  A  E  F  F  E  K  T  I  V  P
C  I  T  L  M  U  M  P  R  A  K  T  I  S  K
A  V  G  Ö  R  A  N  D  E  G  U  X  R  J  P
```

PASSIONERAD	FANTASIFULL
BRA	OBEROENDE
SÄKER	INTELLIGENT
NYFIKEN	REN
AVGÖRANDE	BLYGSAM
EFFEKTIV	PATIENT
CHARMIG	PRAKTISK
ROLIG	KLOK
GENERÖS	HJÄLPSAM

91 - Literatura

```
I  N  I  P  W  E  R  Z  I  S  Z  K  C  Å  B
B  C  L  O  T  I  S  T  A  S  T  U  L  S  U
T  E  R  A  T  T  A  F  R  Ö  F  D  A  I  D
R  R  S  Y  L  A  N  A  O  Y  F  V  K  K  I
A  A  R  K  J  M  M  H  K  C  S  C  H  T  A
G  T  O  A  R  Ä  R  O  F  A  T  E  M  K  L
E  T  M  V  N  I  M  F  E  L  I  G  T  I  O
D  Ä  A  U  R  E  V  F  E  J  L  J  Y  D  G
I  R  N  B  I  I  K  N  Ö  R  J  K  R  S  F
V  E  X  S  T  F  S  D  I  R  C  J  O  V  V
F  B  R  I  M  L  I  H  O  N  E  L  U  O  H
L  R  T  B  M  N  T  P  C  T  G  L  K  E  R
T  E  M  A  K  F  E  D  C  Y  R  T  S  N  Y
T  I  F  A  R  G  O  I  B  A  Z  Z  F  E  L
C  F  T  E  A  P  P  A  N  A  L  O  G  I  N
```

ANALOGI
ANALYS
ANEKDOT
FÖRFATTARE
BIOGRAFI
JÄMFÖRELSE
SLUTSATS
BESKRIVNING
DIALOG
STIL

METAFOR
BERÄTTARE
ÅSIKT
DIKT
POETISK
RIM
RYTM
ROMAN
TEMA
TRAGEDI

92 - Química

```
S Y R A V O O J W C Z S E V A
A B R G X Ä W R V S V B L Ä L
G L R U T A R E P M E T E T K
S A L T J R K M N A R U K S A
C R M X T N E M E L E D T K L
H F O L W U E O C O F H R A I
A U L T I A Z L W K O T O P S
V I K T A W U E R Y S F N H K
K X F G H S I K S I N A G R O
L N J M I W Y Y F B V R Z O E
O E V Ä T E W L L W P K D E L
R N Z O Z P T R A K Z N P K K
F Z W E J H B U H T P R P A V
Z Y W T I O J O L A A Ä R W L
W M H B V A N L X K K K M L I
```

ALKALISK	VÄTE
SYRA	JON
VÄRME	VÄTSKA
KOL	MOLEKYL
KATALYSATOR	KÄRNKRAFT
KLOR	ORGANISK
ELEMENT	SYRE
ELEKTRON	VIKT
ENZYM	SALT
GAS	TEMPERATUR

93 - Clima

```
V A R Ä L O P T M A E N T R N
G T K D V I N D G Y H E Z H R
K M B S Y V K A K R O T C K E
D O B T Å N L O M B Z D D C O
R S T D V T I E Z M B N J K D
W F P R Z C M U I Z I C G H W
U Ä T C O N A K R O U D L L A
M R O T S M T B R I S O R Y W
I I R N A B B J N E I A H R V
H C R U T A R E P M E T E O U
Y O S S I S C U C R B Z M S C
R E G N B Å G E T R O P I S K
L F M O I S U E Z S K J J I G
A D F M J S G Y V Y L P B M X
H I M M E L B L I X T D W O T
```

REGNBÅGE
ATMOSFÄR
BRIS
HIMMEL
KLIMAT
ORKAN
IS
MONSUN
DIMMA
MOLN

POLÄRA
BLIXT
TORKA
TORR
TEMPERATUR
STORM
TROMB
TROPISK
ÅSKA
VIND

94 - Arte

```
W  I  B  S  Z  G  J  J  J  M  O  H  O  S  V
B  S  N  J  K  O  P  X  D  U  O  U  R  K  I
S  E  R  S  G  I  L  R  Ä  R  T  M  I  U  S
H  O  N  Z  P  W  L  E  K  N  E  Ö  G  L  U
W  P  I  X  N  I  E  D  K  X  P  R  I  P  E
L  J  D  F  M  O  R  R  R  O  O  P  N  T  L
O  V  W  Ä  M  N  E  E  N  A  M  I  A  U  L
B  P  Y  M  E  M  W  A  R  M  F  P  L  R  V
M  J  H  M  A  R  J  F  Y  A  Z  F  L  S  X
Y  M  Å  L  N  I  N  G  A  R  D  I  N  E  K
S  S  U  R  R  E  A  L  I  S  M  G  O  C  X
K  U  T  T  R  Y  C  K  E  A  P  U  O  T  M
A  I  I  C  F  G  I  L  N  O  S  R  E  P  T
P  B  Z  D  N  K  E  R  A  M  I  K  V  D  J
A  D  U  I  W  O  A  A  J  C  A  U  C  Z  U
```

KERAMIK	PERSONLIG
KOMPLEX	MÅLNINGAR
SKAPA	POESI
SKULPTUR	SKILDRA
UTTRYCK	ENKEL
FIGUR	SYMBOL
ÄRLIG	ÄMNE
HUMÖR	SURREALISM
INSPIRERAD	VISUELL
ORIGINAL	

95 - Diplomacia

```
H  P  H  P  N  B  K  D  A  S  S  A  B  M  A
U  P  U  E  W  W  R  O  P  F  V  Z  V  I  M
U  W  M  Z  L  Y  E  G  N  I  N  S  Ö  L  B
B  I  A  M  U  D  G  P  T  F  B  L  M  A  A
N  V  N  R  F  J  E  K  E  P  L  V  C  S  S
E  U  I  F  C  L  R  L  T  Y  S  I  A  I  S
T  Y  T  P  Y  K  I  T  I  L  O  P  K  V  A
E  D  Ä  W  D  D  N  E  R  U  F  A  S  T  D
B  V  R  K  D  V  G  R  G  L  Ö  K  Ä  T  Ö
R  Å  D  G  I  V  A  R  E  S  R  S  K  Ä  R
A  D  B  S  E  V  I  D  T  P  D  N  E  R  V
M  T  O  F  J  T  I  K  N  R  R  E  R  F  A
A  R  N  C  D  R  I  N  I  Å  A  M  H  O  O
S  G  L  Y  G  Z  X  K  M  K  G  E  E  F  T
D  I  P  L  O  M  A  T  I  S  K  G  T  P  Z
```

GEMENSKAP
KONFLIKT
RÅDGIVARE
SAMARBETE
DIPLOMATISK
AMBASSAD
AMBASSADÖR
ETIK
REGERING

HUMANITÄR
INTEGRITET
RÄTTVISA
SPRÅK
POLITIK
SÄKERHET
LÖSNING
FÖRDRAG

96 - Comida # 2

```
K T L H H A F Y T Ä M U D H Z
W Y S T P L R O G P W R K L R
I D C G C P Y G N P K N T S E
L G L K W F U H Z L A I Z Z S
O F A E L K H U T E S U W T S
C K A W A I W R R T S O S I P
C H O N R I N T I E N P J I R
O P O K F R Z G S V H I T X H
R E A K C O K S T R Ä N O R K
B E X O L E D N A M U S A Ä W
V N L T W A K N I K S L C B S
B A N A N C D S R F I S K S R
C L R M Ä G G P L A N T A R Y
Ä G G O S V A M P A O D E Ö F
F D Y T Y V R D R U V A N K I
```

KRONÄRTSKOCKA	YOGHURT
MANDEL	KIWI
RIS	ÄPPLE
BANAN	ÄGG
ÄGGPLANTA	FISK
BROCCOLI	SKINKA
KÖRSBÄR	OST
CHOKLAD	TOMAT
SVAMP	VETE
KYCKLING	DRUVA

97 - Universo

```
B  S  P  A  D  U  B  H  I  Y  B  O  J  Z  H
R  F  K  F  U  X  X  A  L  A  G  N  T  Y  O
E  N  Å  M  T  D  V  L  O  S  W  X  F  G  R
D  W  V  B  I  Y  K  V  A  H  U  P  G  H  I
D  B  O  A  G  R  C  K  S  I  M  S  O  K  S
G  V  A  L  N  K  B  L  H  P  T  X  B  C  O
R  A  S  O  O  A  A  O  F  S  E  B  J  F  N
A  U  S  D  L  R  B  T  G  I  L  N  Y  S  T
D  M  O  N  O  R  T  S  A  A  E  F  J  E  E
T  M  L  E  M  M  I  H  P  L  S  I  V  S  K
L  K  S  L  E  M  M  I  H  P  K  F  N  V  V
P  O  T  Y  Y  L  R  Ä  F  S  O  M  T  A  A
P  W  Å  F  K  G  B  U  B  U  P  L  O  Z  T
I  F  N  A  S  T  R  O  N  O  M  I  M  B  O
B  W  D  I  O  R  E  T  S  A  A  M  R  O  R
```

ASTEROID	HORISONT
ASTRONOMI	BREDDGRAD
ASTRONOM	LONGITUD
ATMOSFÄR	MÅNE
HIMMELSK	OMLOPPSBANA
HIMMEL	SOL
KOSMISK	SOLSTÅND
EKVATOR	TELESKOP
GALAX	SYNLIG
HALVKLOT	

98 - Jazz

```
M L G Y B T I O R K E S T E R
T A L A N G M U B L A F B R Ö
Y M I D Z R P K W S Z A E L T
R M T D S X R I Ä K E V T B I
Ä A S Å U T O S E N Y O O X S
N G X H L L V U L P D R N A O
T G K A M Y I M Z C K I I R P
S J H T R E S N O K W T N V M
N J J C M M A E L U I E G F O
O X T K V D T U F U Y R F R K
K D H Y N L I T R U M M O R G
T E K N I K O F S A O Z P T E
K I T F V N N G L V M R I V N
U O I N F L U E N S E R J E R
X Z S N B E C P Z F F K U N E
```

KONSTNÄR	GENRE
ALBUM	IMPROVISATION
TRUMMOR	INFLUENSER
LÅT	MUSIK
KOMPOSITÖR	NY
KONSERT	ORKESTER
STIL	RYTM
BETONING	TALANG
KÄND	TEKNIK
FAVORITER	GAMMAL

99 - Barcos

```
V  A  J  R  Ä  F  X  Y  X  V  K  Z  U  M  E
N  Å  N  P  N  L  X  J  I  V  A  H  R  O  B
I  N  G  K  A  O  O  F  R  J  J  N  K  T  E
L  Z  A  O  A  D  O  O  L  C  A  W  H  O  S
W  B  Z  E  R  R  P  B  I  O  K  L  V  R  Ä
Y  A  C  H  T  D  E  K  S  I  T  U  A  N  T
L  U  N  U  X  O  R  T  I  I  S  T  B  E  T
W  S  S  Y  E  C  L  J  R  O  A  Å  E  T  N
K  A  N  O  T  K  B  E  Y  I  M  B  I  T  I
S  K  W  G  S  A  O  X  N  V  U  L  Z  A  N
J  O  A  B  J  X  J  T  F  N  D  E  V  V  G
Ö  S  O  X  Ö  K  O  B  N  S  J  G  A  D  V
M  J  Y  Y  J  A  D  O  G  N  A  E  B  I  W
A  P  O  V  S  Y  K  I  A  N  Y  S  S  T  L
N  I  C  K  C  C  A  C  F  I  F  V  Y  T  Z
```

ANKARE	HAV
FÄRJA	TIDVATTEN
BOJ	SJÖMAN
KAJAK	MAST
KANOT	MOTOR
REP	NAUTISK
DOCKA	VÅGOR
YACHT	FLOD
FLOTTE	BESÄTTNING
SJÖ	SEGELBÅT

100 - Mamíferos

```
E D L G W E G Y O D A K Z L A
L A V I D V V L X W L Ä D Y H
E A A R B E Z O V R E N F M O
F K G A R U J T S M J G O S T
A A W F Ä B Y T S H O U R R C
N M H F V T Y A L Ä N R Z A A
T E A P A B I K F I H U I N V
A L L I R O G F Å R Y Y G H Y
U G R A V E I R Ä R P H U N D
D E L F I N V O U F A T R L Y
G G V R O N H Ä M N N I I C G
Y V I M G Z Y B B B H U K B L
F R A G K A N I N W K S C W V
N O X S H A P J S N Z R Y U K
J W J J L L B B X L Y N B I V
```

VAL	GIRAFF
KAMEL	DELFIN
KÄNGURU	GORILLA
BÄVER	LEJON
HÄST	VARG
HUND	APA
KANIN	FÅR
PRÄRIEVARG	RÄV
ELEFANT	TJUR
KATT	ZEBRA

1 - Dirigindo

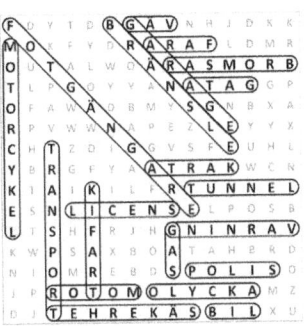

2 - Antiguidades

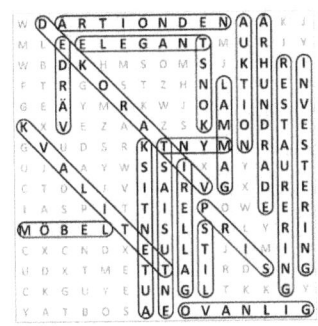

3 - Churrascos

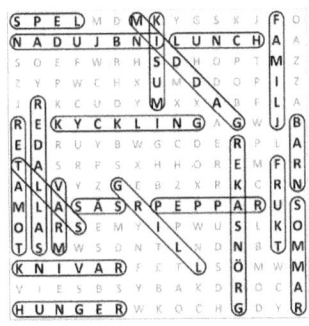

4 - Pesca

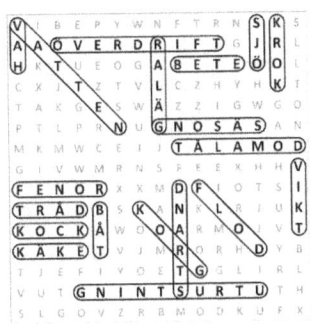

5 - Geologia

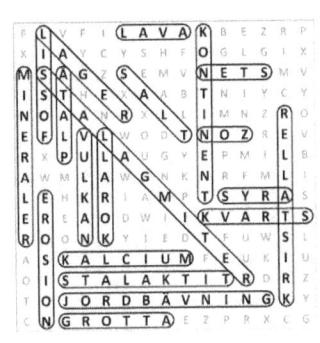

6 - Ética

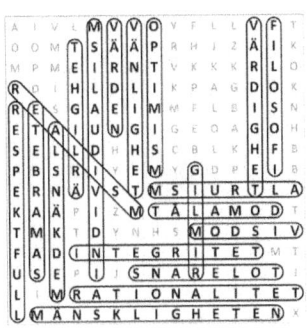

7 - Tempo

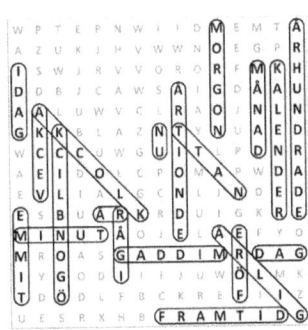

8 - Astronomia

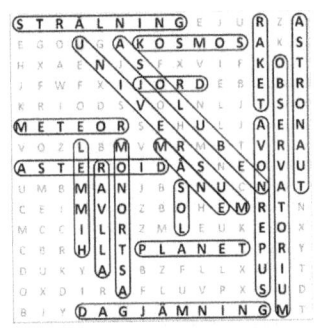

9 - Acampamento

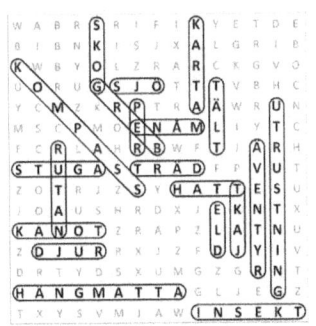

10 - Ficção Científica

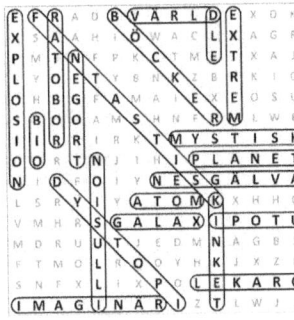

11 - Mitologia

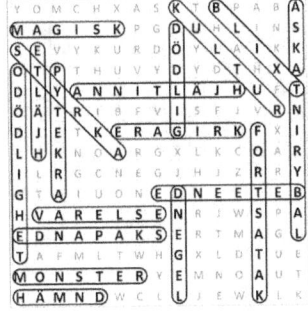

12 - Medições

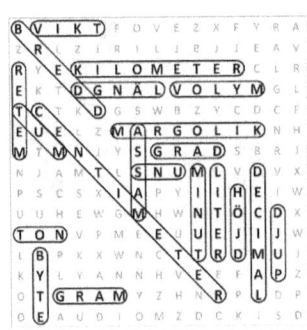

13 - Álgebra

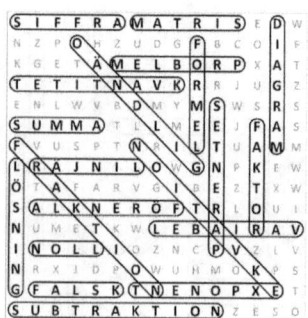

14 - Plantas

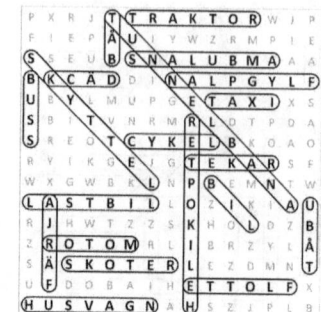

15 - Veículos

16 - Engenharia

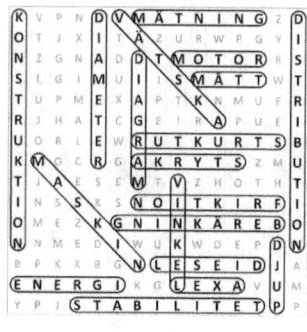

17 - Restaurante # 2

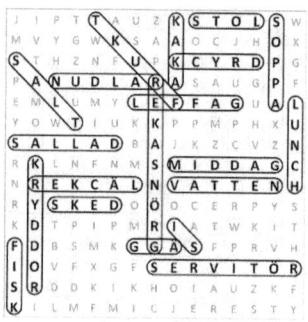

18 - Países #2

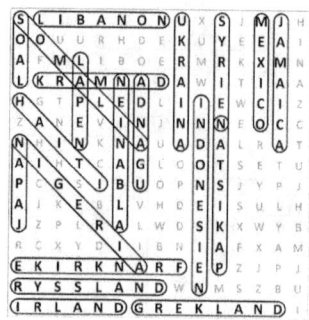

19 - Cozinha

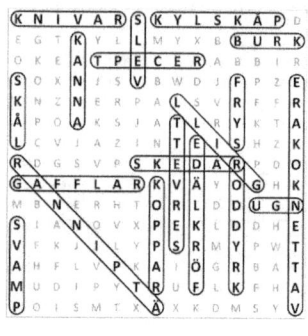

20 - Material de Arte

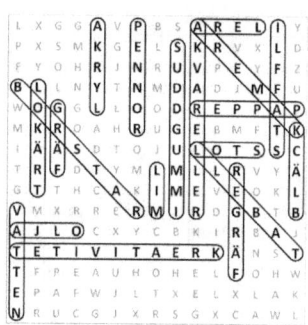

21 - Números

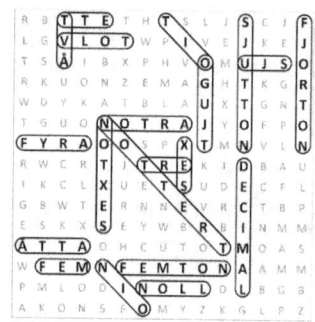

22 - Física

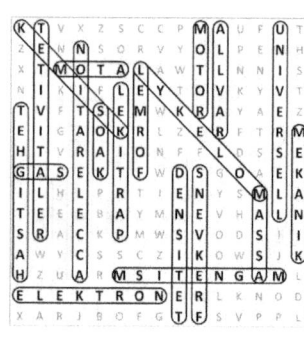

23 - Especiarias

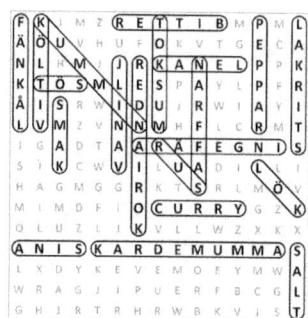

24 - Países #1

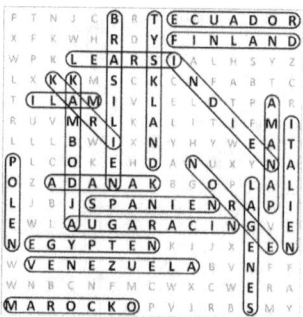

25 - A Mídia

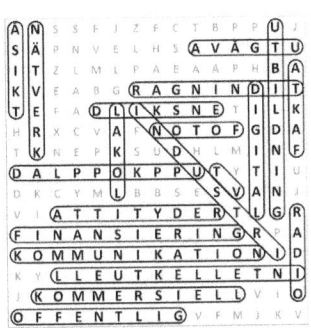

26 - Casa

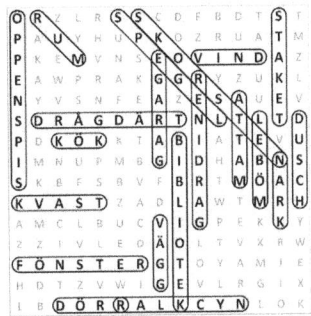

27 - Vegetais

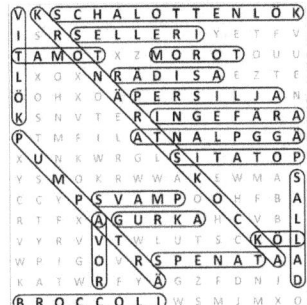

28 - Balé

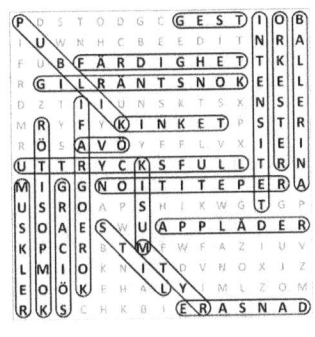

29 - Adjetivos #1

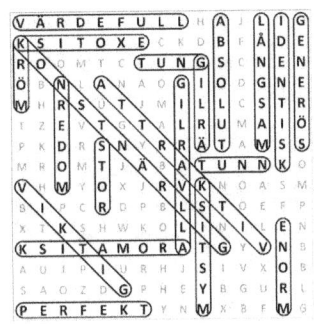

30 - Psicologia

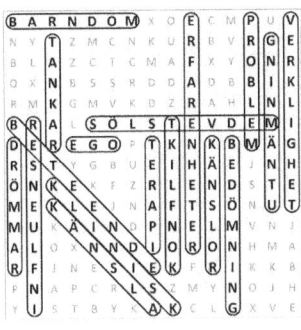

31 - Paisagens

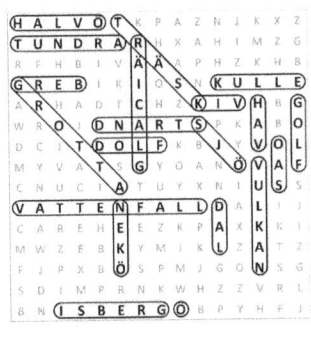

32 - Dança

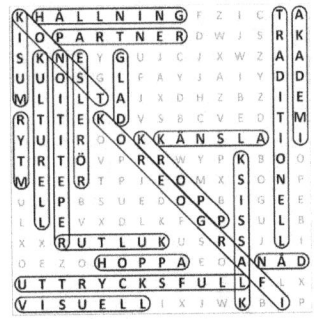

33 - Nutrição

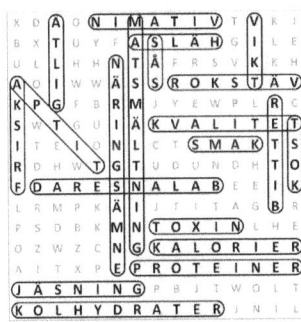

34 - Energia

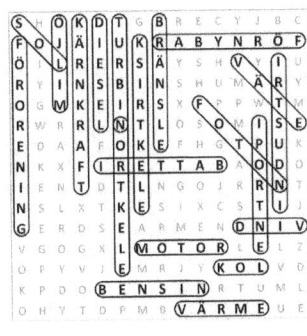

35 - Disciplinas Científicas

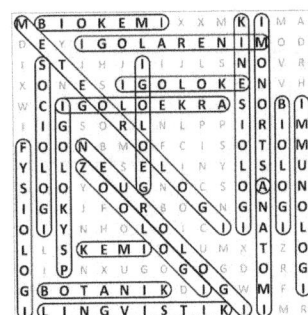

36 - Meditação

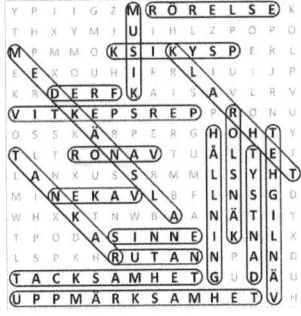

37 - Moda

38 - Instrumentos Musicais

39 - Adjetivos #2

40 - Roupas

41 - Herbalismo

42 - Arqueologia

43 - Esporte

44 - Agronomia

45 - Frutas

46 - Corpo Humano

47 - Caminhada

48 - Biologia

49 - Beleza

50 - Filantropia

51 - Ecologia

52 - Família

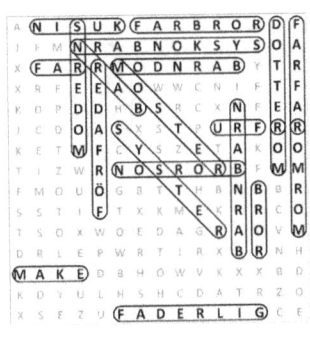

53 - Férias #2

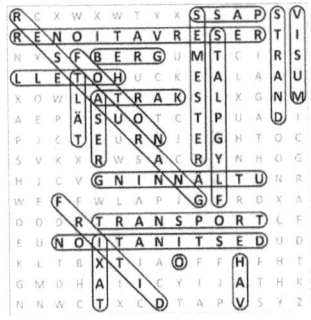

54 - Edifícios

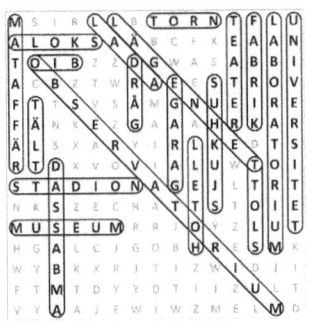

55 - Aventura

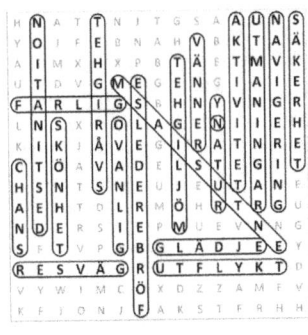

56 - Floresta Tropical

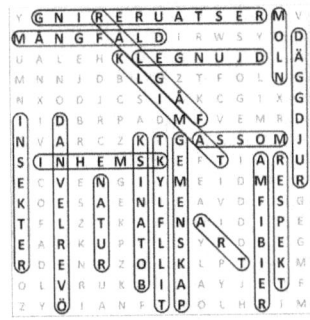

57 - Cidade

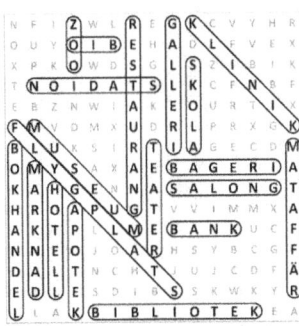

58 - Música

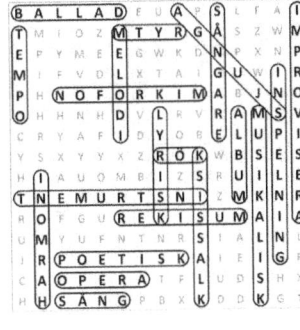

59 - Matemática

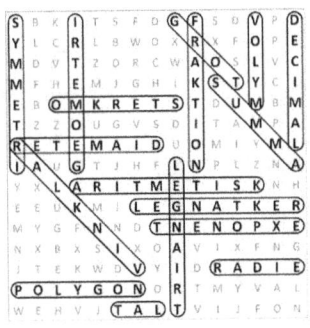

60 - Saúde e Bem Estar #1

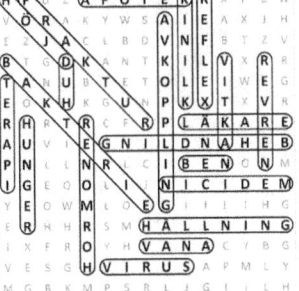

61 - Natureza

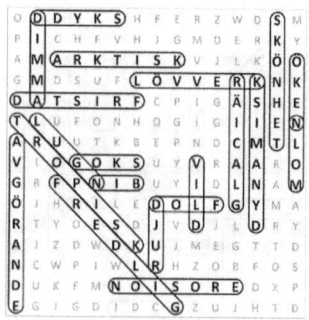

62 - A Empresa

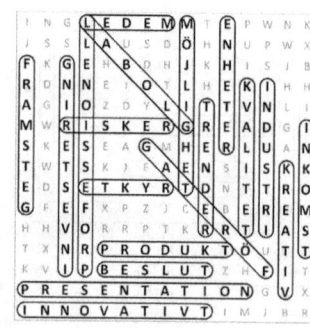

63 - Doença

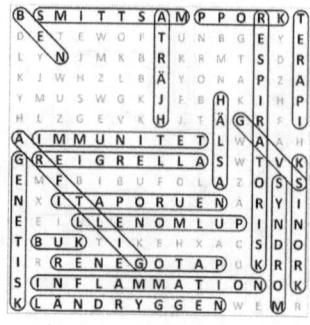

64 - Aquecimento Global

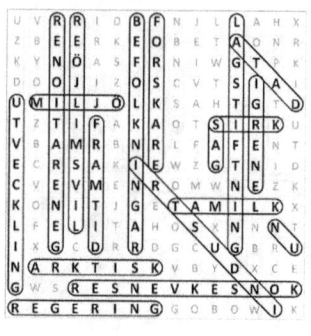

65 - Aviões

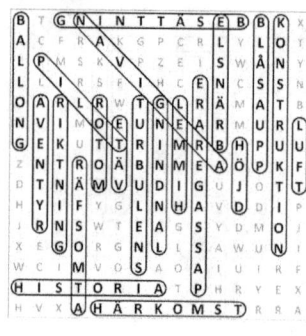

66 - Tipos de Cabelo

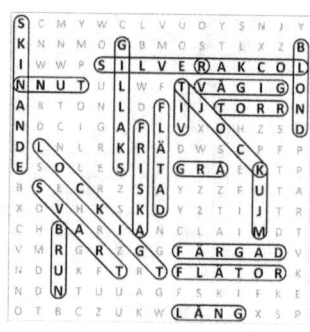

67 - Formas

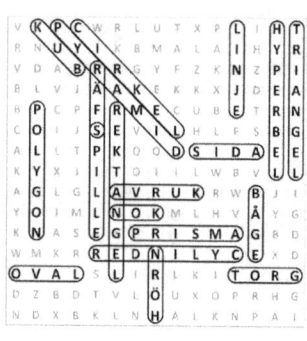

68 - Dias e Meses

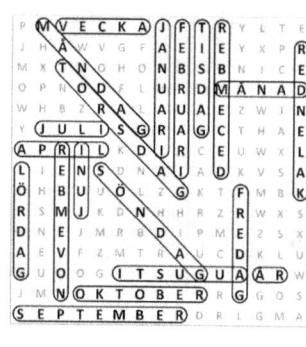

69 - Saúde e Bem Estar #2

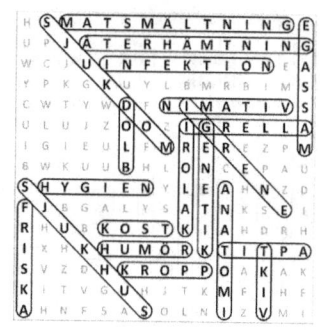

70 - Geografia

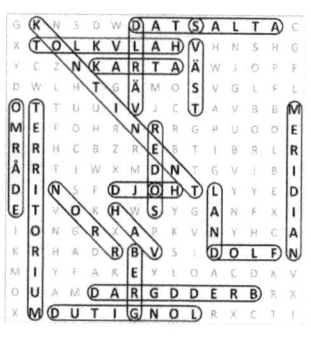

71 - Antártica

72 - Flores

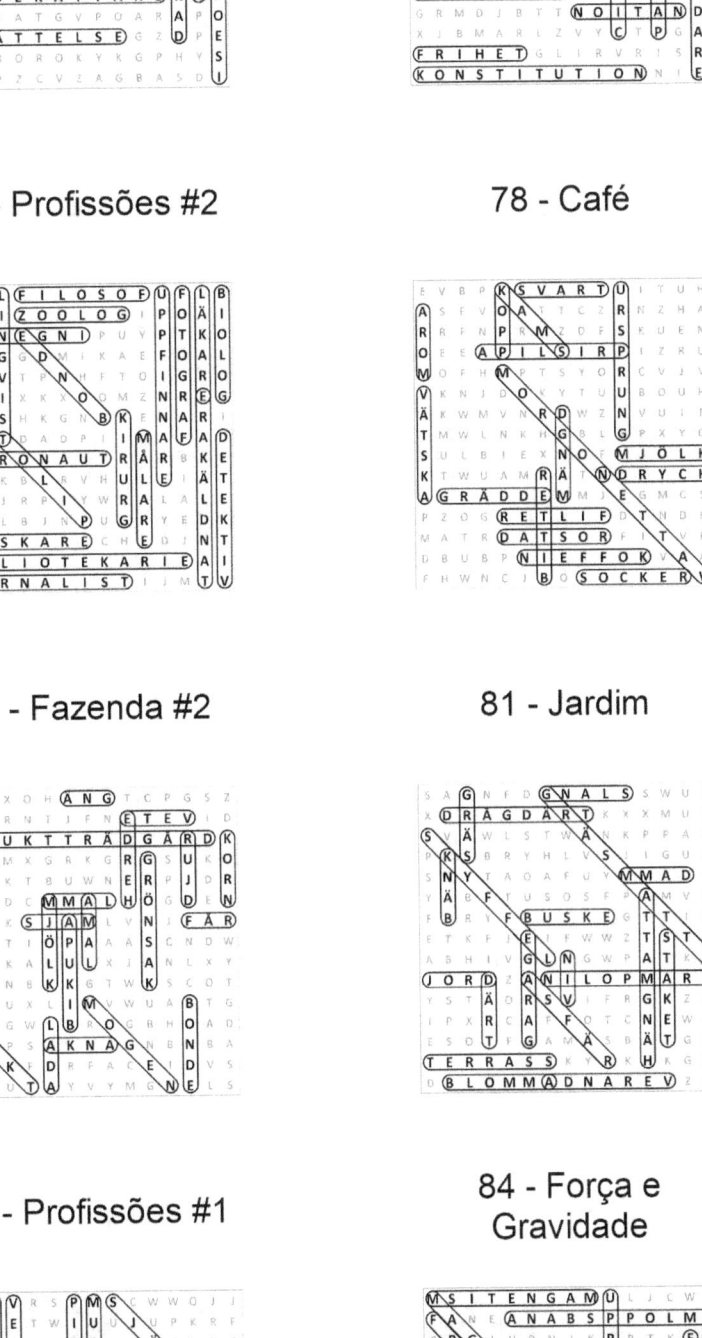

73 - Fazenda #1

74 - Livros

75 - Governo

76 - Jardinagem

77 - Profissões #2

78 - Café

79 - Negócios

80 - Fazenda #2

81 - Jardim

82 - Oceano

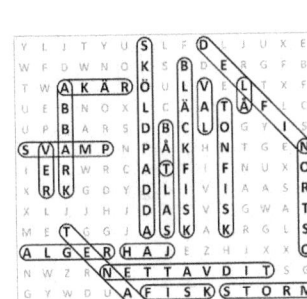

83 - Profissões #1

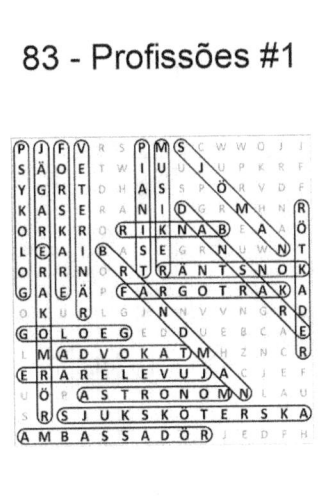

84 - Força e Gravidade

85 - Abelhas

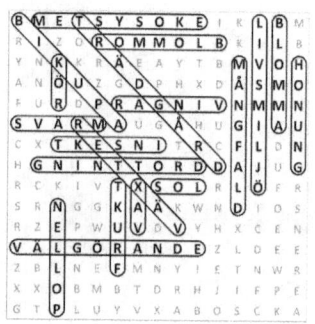

86 - Ciência

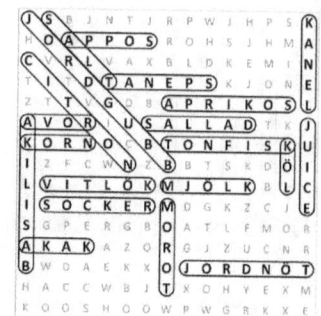

87 - Comida #1

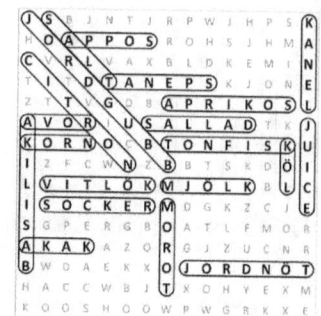

88 - Geometria

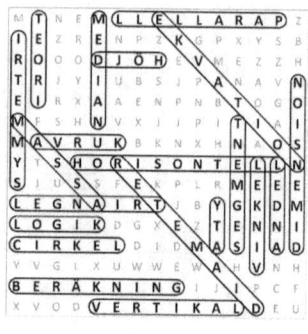

89 - Pássaros

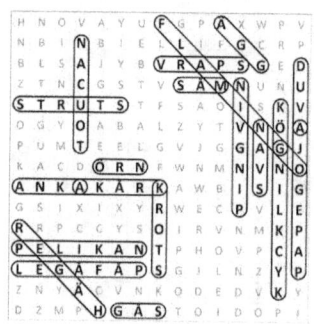

90 - Virtudes #1

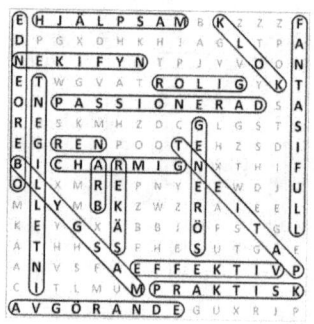

91 - Literatura

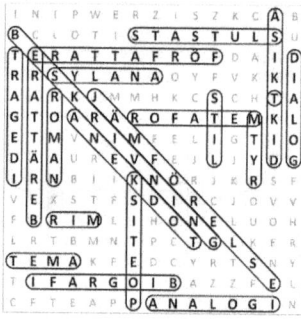

92 - Química

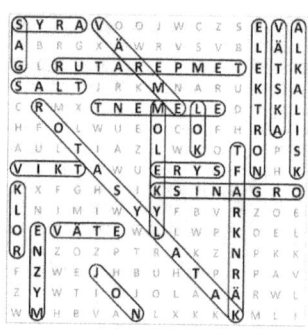

93 - Clima

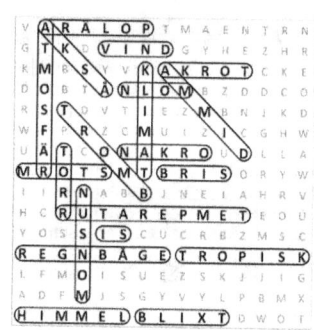

94 - Arte

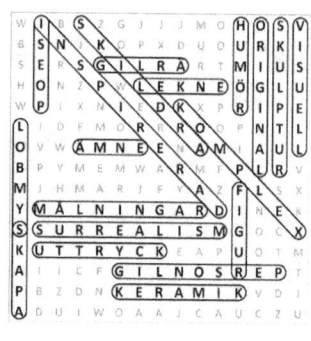

95 - Diplomacia

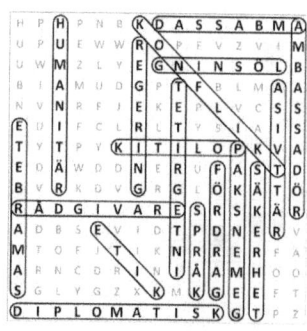

96 - Comida # 2

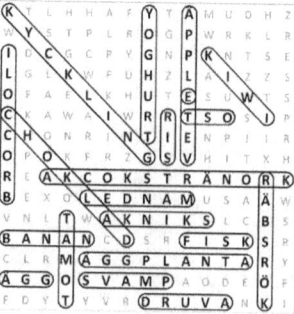

97 - Universo

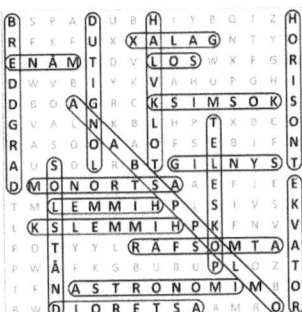

98 - Jazz

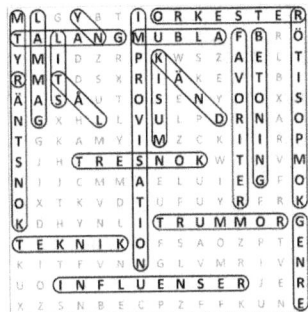

99 - Barcos

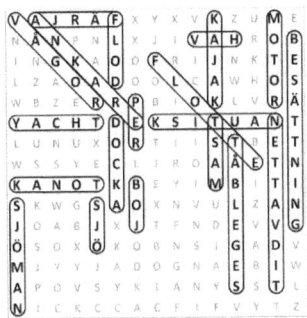

100 - Mamíferos

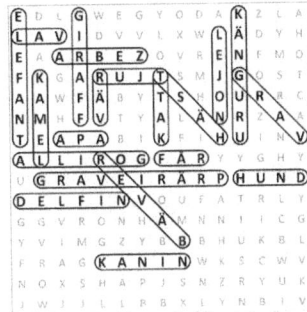

Dicionário

A Empresa
Företaget

Apresentação	Presentation
Criativo	Kreativ
Decisão	Beslut
Global	Global
Indústria	Industri
Inovador	Innovativt
Investimento	Investering
Negócio	Företag
Possibilidade	Möjlighet
Produto	Produkt
Profissional	Professionell
Progresso	Framsteg
Qualidade	Kvalitet
Receita	Inkomst
Recursos	Medel
Reputação	Rykte
Riscos	Risker
Tendências	Trender
Unidades	Enheter

A Mídia
Medium

Atitudes	Attityder
Comercial	Kommersiell
Comunicação	Kommunikation
Digital	Digital
Edição	Utgåva
Educação	Utbildning
Fatos	Fakta
Financiamento	Finansiering
Fotos	Foton
Individual	Enskild
Indústria	Industri
Intelectual	Intellektuell
Jornais	Tidningar
Local	Lokal
Online	Uppkopplad
Opinião	Åsikt
Público	Offentlig
Rádio	Radio
Rede	Nätverk
Televisão	Tv

Abelhas
Bin

Asas	Vingar
Benéfico	Välgörande
Cera	Vax
Colmeia	Bikupa
Diversidade	Mångfald
Ecossistema	Ekosystem
Enxame	Svärm
Flor	Blomma
Flores	Blommor
Fruta	Frukt
Fumaça	Rök
Habitat	Livsmiljö
Inseto	Insekt
Jardim	Trädgård
Mel	Honung
Plantas	Växter
Pólen	Pollen
Rainha	Drottning
Sol	Sol

Acampamento
Camping

Animais	Djur
Aventura	Äventyr
Árvores	Träd
Bússola	Kompass
Cabine	Stuga
Caça	Jakt
Canoa	Kanot
Chapéu	Hatt
Corda	Rep
Equipamento	Utrustning
Floresta	Skog
Fogo	Eld
Inseto	Insekt
Lago	Sjö
Lua	Måne
Maca	Hängmatta
Mapa	Karta
Montanha	Berg
Natureza	Natur
Tenda	Tält

Adjetivos #1
Adjektiv #1

Absoluto	Absolut
Aromático	Aromatisk
Artístico	Konstnärlig
Atraente	Attraktiv
Enorme	Enorm
Escuro	Mörk
Exótico	Exotisk
Fino	Tunn
Generoso	Generös
Grande	Stor
Honesto	Ärlig
Idêntico	Identisk
Importante	Viktig
Lento	Långsam
Misterioso	Mystisk
Moderno	Modern
Perfeito	Perfekt
Pesado	Tung
Sério	Allvarlig
Valioso	Värdefull

Adjetivos #2
Adjektiv #2

Autêntico	Autentisk
Criativo	Kreativ
Descritivo	Beskrivande
Dotado	Begåvad
Elegante	Elegant
Famoso	Känd
Forte	Stark
Interessante	Intressant
Natural	Naturlig
Normal	Normal
Novo	Ny
Orgulhoso	Stolt
Produtivo	Produktiv
Puro	Ren
Quente	Varm
Responsável	Ansvarig
Salgado	Salt
Saudável	Friska
Seco	Torr
Selvagem	Vild

Agronomia
Agronomi

Agricultura	Jordbruk
Ambiente	Miljö
Água	Vatten
Ciência	Vetenskap
Crescimento	Tillväxt
Doenças	Sjukdomar
Ecologia	Ekologi
Energia	Energi
Erosão	Erosion
Fertilizante	Gödsel
Identificação	Identifiering
Legumes	Grönsaker
Orgânico	Organisk
Plantas	Växter
Poluição	Förorening
Produção	Produktion
Rural	Lantlig
Sementes	Frön
Sistemas	System
Solo	Jord

Antártica
Antarktis

Ambiente	Miljö
Água	Vatten
Baía	Vik
Baleias	Valar
Científico	Vetenskaplig
Conservação	Bevarande
Continente	Kontinent
Expedição	Expedition
Geleiras	Glaciärer
Gelo	Is
Geografia	Geografi
Ilhas	Öar
Investigador	Forskare
Migração	Migration
Minerais	Mineraler
Península	Halvö
Pinguins	Pingviner
Rochoso	Stenig
Temperatura	Temperatur
Topografia	Topografi

Antiguidades
Antikviteter

Arte	Konst
Autêntico	Autentisk
Decorativo	Dekorativ
Décadas	Årtionden
Elegante	Elegant
Entusiasta	Entusiast
Escultura	Skulptur
Estilo	Stil
Galeria	Galleri
Incomum	Ovanlig
Investimento	Investering
Leilão	Auktion
Mobiliário	Möbel
Moedas	Mynt
Preço	Pris
Qualidade	Kvalitet
Restauração	Restaurering
Século	Århundrade
Valor	Värde
Velho	Gammal

Aquecimento Global
Global Uppvärmning

Agora	Nu
Ambiental	Miljö
Atenção	Uppmärksamhet
Ártico	Arktisk
Cientista	Forskare
Clima	Klimat
Consequências	Konsekvenser
Crise	Kris
Dados	Data
Desenvolvimento	Utveckling
Energia	Energi
Futuro	Framtid
Gás	Gas
Gerações	Generationer
Governo	Regering
Habitats	Livsmiljöer
Indústria	Industri
Legislação	Lagstiftning
Populações	Befolkningar
Temperaturas	Temperaturer

Arqueologia
Arkeologi

Análise	Analys
Anos	År
Antiguidade	Antiken
Avaliação	Utvärdering
Civilização	Civilisation
Descendente	Ättling
Desconhecido	Okänd
Equipe	Team
Era	Era
Especialista	Expert
Esquecido	Glömt
Fóssil	Fossil
Investigador	Forskare
Mistério	Mysterium
Objetos	Objekt
Ossos	Ben
Professor	Professor
Relíquia	Relik
Templo	Tempel
Túmulo	Grav

Arte
Konst

Cerâmica	Keramik
Complexo	Komplex
Criar	Skapa
Escultura	Skulptur
Expressão	Uttryck
Figura	Figur
Honesto	Ärlig
Humor	Humör
Inspirado	Inspirerad
Original	Original
Pessoal	Personlig
Pinturas	Målningar
Poesia	Poesi
Retratar	Skildra
Simples	Enkel
Símbolo	Symbol
Sujeito	Ämne
Surrealismo	Surrealism
Visual	Visuell

Astronomia
Astronomi

Asteróide	Asteroid
Astronauta	Astronaut
Astrônomo	Astronom
Céu	Himmel
Constelação	Konstellation
Cosmos	Kosmos
Eclipse	Förmörkelse
Equinócio	Dagjämning
Foguete	Raket
Gravidade	Allvar
Lua	Måne
Meteoro	Meteor
Nebulosa	Nebulosa
Observatório	Observatorium
Planeta	Planet
Radiação	Strålning
Solar	Sol
Supernova	Supernova
Terra	Jord
Universo	Universum

Aventura
Äventyr

Alegria	Glädje
Amigos	Vänner
Atividade	Aktivitet
Beleza	Skönhet
Chance	Chans
Desafios	Utmaningar
Destino	Destination
Dificuldade	Svårighet
Entusiasmo	Entusiasm
Excursão	Utflykt
Incomum	Ovanlig
Itinerário	Resväg
Natureza	Natur
Navegação	Navigering
Novo	Ny
Oportunidade	Möjlighet
Perigoso	Farlig
Preparação	Förberedelse
Segurança	Säkerhet
Surpreendente	Överraskande

Aviões
Flygplan

Altura	Höjd
Ar	Luft
Aterrissagem	Landning
Atmosfera	Atmosfär
Aventura	Äventyr
Balão	Ballong
Céu	Himmel
Combustível	Bränsle
Construção	Konstruktion
Descida	Härkomst
Direção	Riktning
Hidrogênio	Väte
História	Historia
Inflar	Blåsa Upp
Motor	Motor
Navegar	Navigera
Passageiro	Passagerare
Piloto	Pilot
Tripulação	Besättning
Turbulência	Turbulens

Álgebra
Algebra

Diagrama	Diagram
Equação	Ekvation
Expoente	Exponent
Falso	Falsk
Fator	Faktor
Fórmula	Formel
Fração	Fraktion
Infinito	Oändlig
Linear	Linjär
Matriz	Matris
Número	Siffra
Parêntese	Parentes
Problema	Problem
Quantidade	Kvantitet
Simplificar	Förenkla
Solução	Lösning
Soma	Summa
Subtração	Subtraktion
Variável	Variabel
Zero	Noll

Balé
Balett

Aplauso	Applåder
Artístico	Konstnärlig
Bailarina	Ballerina
Compositor	Kompositör
Coreografia	Koreografi
Dançarinos	Dansare
Ensaio	Repetition
Estilo	Stil
Expressivo	Uttrycksfull
Gesto	Gest
Gracioso	Graciös
Habilidade	Färdighet
Intensidade	Intensitet
Músculos	Muskler
Música	Musik
Orquestra	Orkester
Prática	Öva
Público	Publik
Ritmo	Rytm
Técnica	Teknik

Barcos
Båtar

Âncora	Ankare
Balsa	Färja
Bóia	Boj
Caiaque	Kajak
Canoa	Kanot
Corda	Rep
Doca	Docka
Iate	Yacht
Jangada	Flotte
Lago	Sjö
Mar	Hav
Maré	Tidvatten
Marinheiro	Sjöman
Mastro	Mast
Motor	Motor
Náutico	Nautisk
Ondas	Vågor
Rio	Flod
Tripulação	Besättning
Veleiro	Segelbåt

Beleza
Skönhet

Batom	Läppstift
Cachos	Lockar
Charme	Charm
Cor	Färg
Cosméticos	Kosmetika
Elegante	Elegant
Elegância	Elegans
Espelho	Spegel
Estilista	Stylist
Fotogênico	Fotogenisk
Fragrância	Doft
Graça	Nåd
Maquiagem	Smink
Óleos	Oljor
Pele	Hud
Produtos	Produkter
Rímel	Mascara
Serviços	Tjänster
Tesoura	Sax
Xampu	Schampo

Biologia
Biologi

Anatomia	Anatomi
Bactérias	Bakterie
Célula	Cell
Colagénio	Kollagen
Cromossoma	Kromosom
Embrião	Embryo
Enzima	Enzym
Evolução	Evolution
Fotossíntese	Fotosyntes
Hormona	Hormon
Mamífero	Däggdjur
Mutação	Mutation
Natural	Naturlig
Nervo	Nerv
Neurônio	Nervcell
Osmose	Osmos
Proteína	Protein
Réptil	Reptil
Simbiose	Symbios
Sinapse	Synaps

Café
Kaffe

Açúcar	Socker
Amargo	Bitter
Aroma	Arom
Assado	Rostad
Água	Vatten
Bebida	Dryck
Cafeína	Koffein
Copa	Kopp
Creme	Grädde
Filtro	Filter
Leite	Mjölk
Líquido	Vätska
Manhã	Morgon
Moer	Slipa
Origem	Ursprung
Preço	Pris
Preto	Svart
Sabor	Smak
Variedade	Mängd

Caminhada
Vandring

Acampamento	Camping
Animais	Djur
Água	Vatten
Botas	Stövlar
Cansado	Trött
Clima	Klimat
Guias	Guide
Mapa	Karta
Montanha	Berg
Natureza	Natur
Orientação	Orientering
Parques	Parker
Pedras	Stenar
Penhasco	Klippa
Perigos	Risker
Pesado	Tung
Preparação	Förberedelse
Selvagem	Vild
Sol	Sol
Tempo	Väder

Casa
Hus

Biblioteca	Bibliotek
Cerca	Staket
Chaminé	Skorsten
Chaves	Nycklar
Chuveiro	Dusch
Cortinas	Gardiner
Cozinha	Kök
Espelho	Spegel
Garagem	Garage
Janela	Fönster
Jardim	Trädgård
Lareira	Öppen Spis
Mobiliário	Möbel
Parede	Vägg
Porta	Dörr
Quarto	Rum
Sótão	Vind
Tapete	Matta
Torneira	Kran
Vassoura	Kvast

Churrascos
Grillar

Almoço	Lunch
Convite	Inbjudan
Crianças	Barn
Facas	Knivar
Família	Familj
Fome	Hunger
Frango	Kyckling
Fruta	Frukt
Grelha	Grill
Jantar	Middag
Jogos	Spel
Legumes	Grönsaker
Molho	Sås
Música	Musik
Pimenta	Peppar
Quente	Varm
Sal	Salt
Saladas	Sallader
Tomates	Tomater
Verão	Sommar

Cidade
Staden

Aeroporto	Flygplats
Banco	Bank
Biblioteca	Bibliotek
Cinema	Bio
Clínica	Klinik
Escola	Skola
Estádio	Stadion
Farmácia	Apotek
Galeria	Galleri
Hotel	Hotell
Jardim Zoológico	Zoo
Livraria	Bokhandel
Mercado	Marknad
Museu	Museum
Padaria	Bageri
Restaurante	Restaurang
Salão	Salong
Supermercado	Mataffär
Teatro	Teater
Universidade	Universitet

Ciência
Vetenskap

Átomo	Atom
Cientista	Forskare
Clima	Klimat
Dados	Data
Evolução	Evolution
Fato	Faktum
Física	Fysik
Fóssil	Fossil
Gravidade	Allvar
Hipótese	Hypotes
Laboratório	Laboratorium
Método	Metod
Minerais	Mineraler
Moléculas	Molekyler
Natureza	Natur
Observação	Observation
Organismo	Organism
Partículas	Partiklar
Plantas	Växter
Químico	Kemisk

Clima
Väder

Arco-Íris	Regnbåge
Atmosfera	Atmosfär
Brisa	Bris
Céu	Himmel
Clima	Klimat
Furacão	Orkan
Gelo	Is
Monção	Monsun
Nevoeiro	Dimma
Nuvem	Moln
Polar	Polära
Relâmpago	Blixt
Seca	Torka
Seco	Torr
Temperatura	Temperatur
Tempestade	Storm
Tornado	Tromb
Tropical	Tropisk
Trovão	Åska
Vento	Vind

Comida # 2
Mat #2

Alcachofra	Kronärtskocka
Amêndoa	Mandel
Arroz	Ris
Banana	Banan
Beringela	Äggplanta
Brócolis	Broccoli
Cereja	Körsbär
Chocolate	Choklad
Cogumelo	Svamp
Frango	Kyckling
Iogurte	Yoghurt
Kiwi	Kiwi
Maçã	Äpple
Ovo	Ägg
Peixe	Fisk
Presunto	Skinka
Queijo	Ost
Tomate	Tomat
Trigo	Vete
Uva	Druva

Comida #1
Mat #1

Açúcar	Socker
Alho	Vitlök
Amendoim	Jordnöt
Atum	Tonfisk
Bolo	Kaka
Canela	Kanel
Cebola	Lök
Cenoura	Morot
Cevada	Korn
Damasco	Aprikos
Espinafre	Spenat
Leite	Mjölk
Limão	Citron
Manjericão	Basilika
Morango	Jordgubb
Nabo	Rova
Sal	Salt
Salada	Sallad
Sopa	Soppa
Suco	Juice

Corpo Humano
Människokroppen

Boca	Mun
Cabeça	Huvud
Cérebro	Hjärna
Coração	Hjärta
Cotovelo	Armbåge
Dedo	Finger
Joelho	Knä
Mandíbula	Käke
Mão	Hand
Nariz	Näsa
Olho	Öga
Ombro	Axel
Orelha	Öra
Pele	Hud
Perna	Ben
Pescoço	Hals
Queixo	Haka
Sangue	Blod
Testa	Panna
Tornozelo	Fotled

Cozinha
Kök

Avental	Förkläde
Chaleira	Vattenkokare
Colheres	Skedar
Concha	Slev
Cups	Koppar
Especiarias	Kryddor
Esponja	Svamp
Facas	Knivar
Forno	Ugn
Freezer	Frys
Garfos	Gafflar
Geladeira	Kylskåp
Grelha	Grill
Guardanapo	Servett
Jar	Burk
Jarro	Kanna
Pauzinhos	Ätpinnar
Receita	Recept
Tigela	Skål

Dança
Dansa

Academia	Akademi
Alegre	Glad
Arte	Konst
Clássico	Klassisk
Coreografia	Koreografi
Corpo	Kropp
Cultura	Kultur
Cultural	Kulturell
Emoção	Känsla
Ensaio	Repetition
Expressivo	Uttrycksfull
Graça	Nåd
Movimento	Rörelse
Música	Musik
Parceiro	Partner
Postura	Hållning
Ritmo	Rytm
Saltar	Hoppa
Tradicional	Traditionell
Visual	Visuell

Dias e Meses
Dagar och Månader

Abril	April
Agosto	Augusti
Ano	År
Calendário	Kalender
Dezembro	December
Domingo	Söndag
Fevereiro	Februari
Janeiro	Januari
Julho	Juli
Junho	Juni
Mês	Månad
Novembro	November
Outubro	Oktober
Quinta-Feira	Torsdag
Sábado	Lördag
Segunda-Feira	Måndag
Semana	Vecka
Setembro	September
Sexta-Feira	Fredag
Terça	Tisdag

Diplomacia
Diplomati

Cidadãos	Medborgare
Comunidade	Gemenskap
Conflito	Konflikt
Consultor	Rådgivare
Cooperação	Samarbete
Diplomático	Diplomatisk
Discussão	Diskussion
Embaixada	Ambassad
Embaixador	Ambassadör
Ética	Etik
Governo	Regering
Humanitário	Humanitär
Integridade	Integritet
Justiça	Rättvisa
Línguas	Språk
Política	Politik
Resolução	Resolution
Segurança	Säkerhet
Solução	Lösning
Tratado	Fördrag

Dirigindo
Körning

Acidente	Olycka
Carro	Bil
Combustível	Bränsle
Cuidado	Varning
Estrada	Väg
Freios	Bromsar
Garagem	Garage
Gás	Gas
Licença	Licens
Mapa	Karta
Motocicleta	Motorcykel
Motor	Motor
Pedestre	Fotgängare
Perigo	Fara
Polícia	Polis
Rua	Gata
Segurança	Säkerhet
Transporte	Transport
Tráfego	Trafik
Túnel	Tunnel

Disciplinas Científicas
Vetenskapliga Discipliner

Anatomia	Anatomi
Arqueologia	Arkeologi
Astronomia	Astronomi
Biologia	Biologi
Bioquímica	Biokemi
Botânica	Botanik
Cinesiologia	Kinesiologi
Ecologia	Ekologi
Fisiologia	Fysiologi
Geologia	Geologi
Imunologia	Immunologi
Linguística	Lingvistik
Meteorologia	Meteorologi
Mineralogia	Mineralogi
Neurologia	Neurologi
Psicologia	Psykologi
Química	Kemi
Sociologia	Sociologi
Termodinâmica	Termodynamik
Zoologia	Zoologi

Doença
Sjukdom

Abdominal	Buk
Alergias	Allergier
Contagioso	Smittsam
Coração	Hjärta
Corpo	Kropp
Crônica	Kronisk
Fraco	Svag
Genético	Genetisk
Hereditário	Ärftlig
Imunidade	Immunitet
Inflamação	Inflammation
Lombar	Ländryggen
Neuropatia	Neuropati
Ossos	Ben
Patógenos	Patogener
Pulmonar	Pulmonell
Respiratório	Respiratorisk
Saúde	Hälsa
Síndrome	Syndrom
Terapia	Terapi

Ecologia
Ekologi

Clima	Klimat
Comunidades	Samhällen
Diversidade	Mångfald
Fauna	Fauna
Flora	Flora
Global	Global
Habitat	Livsmiljö
Marinho	Marin
Montanhas	Berg
Natural	Naturlig
Natureza	Natur
Pântano	Kärr
Plantas	Växter
Recursos	Medel
Seca	Torka
Sobrevivência	Överlevnad
Sustentável	Hållbar
Variedade	Mängd
Vegetação	Vegetation
Voluntários	Frivilliga

Edifícios
Byggnader

Apartamento	Lägenhet
Castelo	Slott
Celeiro	Lada
Cinema	Bio
Embaixada	Ambassad
Escola	Skola
Estádio	Stadion
Fazenda	Gård
Fábrica	Fabrik
Garagem	Garage
Hospital	Sjukhus
Hotel	Hotell
Laboratório	Laboratorium
Museu	Museum
Observatório	Observatorium
Supermercado	Mataffär
Teatro	Teater
Tenda	Tält
Torre	Torn
Universidade	Universitet

Energia
Energi

Ambiente	Miljö
Bateria	Batteri
Calor	Värme
Carbono	Kol
Combustível	Bränsle
Diesel	Diesel
Elétrico	Elektrisk
Elétron	Elektron
Entropia	Entropi
Fóton	Foton
Gasolina	Bensin
Hidrogênio	Väte
Indústria	Industri
Motor	Motor
Nuclear	Kärnkraft
Poluição	Förorening
Renovável	Förnybar
Sol	Sol
Turbina	Turbin
Vento	Vind

Engenharia
Teknik

Atrito	Friktion
Ângulo	Vinkel
Cálculo	Beräkning
Construção	Konstruktion
Diagrama	Diagram
Diâmetro	Diameter
Diesel	Diesel
Dimensões	Mått
Distribuição	Distribution
Eixo	Axel
Energia	Energi
Estabilidade	Stabilitet
Estrutura	Struktur
Força	Styrka
Líquido	Vätska
Máquina	Maskin
Medição	Mätning
Motor	Motor
Profundidade	Djup
Propulsão	Framdrivning

Especiarias
Kryddor

Açafrão	Saffran
Alcaçuz	Lakrits
Alho	Vitlök
Amargo	Bitter
Anis	Anis
Azedo	Sur
Baunilha	Vanilj
Canela	Kanel
Cardamomo	Kardemumma
Caril	Curry
Cebola	Lök
Coentro	Koriander
Cominho	Kummin
Doce	Söt
Funcho	Fänkål
Gengibre	Ingefära
Noz-Moscada	Muskot
Pimenta	Peppar
Sabor	Smak
Sal	Salt

Esporte
Sport

Atleta	Idrottare
Capacidade	Förmåga
Ciclismo	Cykling
Corpo	Kropp
Dançando	Dans
Dieta	Kost
Esportes	Sport
Força	Styrka
Jogging	Joggning
Maximizar	Maximera
Metabólico	Metabolisk
Músculos	Muskler
Nutrição	Näring
Objetivo	Mål
Ossos	Ben
Programa	Program
Resistência	Uthållighet
Saúde	Hälsa
Treinador	Tränare

Ética
Etik

Altruísmo	Altruism
Bondade	Vänlighet
Compaixão	Medkänsla
Cooperação	Samarbete
Dignidade	Värdighet
Diplomático	Diplomatisk
Filosofia	Filosofi
Honestidade	Ärlighet
Humanidade	Mänskligheten
Individualismo	Individualism
Integridade	Integritet
Otimismo	Optimism
Paciência	Tålamod
Racionalidade	Rationalitet
Razoável	Rimlig
Realismo	Realism
Respeitoso	Respektfull
Sabedoria	Visdom
Tolerância	Tolerans
Valores	Värden

Família
Familj

Antepassado	Förfader
Avó	Mormor
Avô	Farfar
Criança	Barn
Esposa	Fru
Filha	Dotter
Infância	Barndom
Irmã	Syster
Irmão	Bror
Marido	Make
Materno	Moderns
Mãe	Mor
Neto	Barnbarn
Pai	Far
Paterno	Faderlig
Primo	Kusin
Sobrinha	Syskonbarn
Sobrinho	Brorson
Tia	Moster
Tio	Farbror

Fazenda #1
Gård #1

Abelha	Bi
Agricultura	Jordbruk
Arroz	Ris
Água	Vatten
Bezerro	Kalv
Burro	Åsna
Cabra	Get
Campo	Fält
Cavalo	Häst
Cão	Hund
Cerca	Staket
Corvo	Kråka
Feno	Hö
Fertilizante	Gödsel
Frango	Kyckling
Gato	Katt
Mel	Honung
Porco	Gris
Rebanho	Flock
Vaca	Ko

Fazenda #2
Gård #2

Agricultor	Bonde
Animais	Djur
Celeiro	Lada
Cevada	Korn
Colmeia	Bikupa
Cordeiro	Lamm
Fruta	Frukt
Irrigação	Bevattning
Leite	Mjölk
Lhama	Lama
Maduro	Mogen
Milho	Majs
Ovelha	Får
Pastor	Herde
Pato	Anka
Pomar	Fruktträdgård
Prado	Äng
Trator	Traktor
Trigo	Vete
Vegetal	Grönsak

Férias #2
Semester # 2

Aeroporto	Flygplats
Destino	Destination
Estrangeiro	Utlänning
Feriado	Semester
Fotos	Foton
Hotel	Hotell
Ilha	Ö
Lazer	Fritid
Mapa	Karta
Mar	Hav
Montanhas	Berg
Passaporte	Pass
Praia	Strand
Reservas	Reservationer
Restaurante	Restaurang
Táxi	Taxi
Tenda	Tält
Transporte	Transport
Viagem	Resa
Visto	Visum

Ficção Científica
Science Fiction

Atómico	Atom
Cinema	Bio
Distante	Avlägsen
Distopia	Dystopi
Explosão	Explosion
Extremo	Extrem
Fantástico	Fantastisk
Fogo	Eld
Futurista	Trogen
Galáxia	Galax
Ilusão	Illusion
Imaginário	Imaginär
Livros	Böcker
Misterioso	Mystisk
Mundo	Värld
Oráculo	Orakel
Planeta	Planet
Robôs	Robotar
Tecnologia	Teknik
Utopia	Utopi

Filantropia
Filantropi

Caridade	Välgörenhet
Comunidade	Gemenskap
Contatos	Kontakter
Crianças	Barn
Desafios	Utmaningar
Finança	Finans
Fundos	Medel
Generosidade	Generositet
Global	Global
Grupos	Grupper
História	Historia
Honestidade	Ärlighet
Humanidade	Mänskligheten
Juventude	Ungdom
Missão	Uppdrag
Necessidade	Behöver
Objetivos	Mål
Pessoas	Människor
Programas	Program
Público	Offentlig

Física
Fysik

Aceleração	Acceleration
Átomo	Atom
Caos	Kaos
Densidade	Densitet
Elétron	Elektron
Fórmula	Formel
Frequência	Frekvens
Gás	Gas
Gravidade	Allvar
Magnetismo	Magnetism
Massa	Massa
Mecânica	Mekanik
Molécula	Molekyl
Motor	Motor
Nuclear	Kärnkraft
Partícula	Partikel
Químico	Kemisk
Relatividade	Relativitet
Universal	Universell
Velocidade	Hastighet

Flores
Blommor

Buquê	Bukett
Calêndula	Ringblomma
Dente-De-Leão	Maskros
Gardênia	Gardenia
Girassol	Solros
Hibisco	Hibiskus
Jasmim	Jasmin
Lavanda	Lavendel
Lilás	Lila
Lírio	Lilja
Magnólia	Magnolia
Margarida	Tusensköna
Narciso	Påsklilja
Orquídea	Orkidé
Papoula	Vallmo
Peônia	Pion
Pétala	Kronblad
Plumeria	Plumeria
Trevo	Klöver
Tulipa	Tulpan

Floresta Tropical
Regnskog

Anfíbios	Amfibier
Botânico	Botanisk
Clima	Klimat
Comunidade	Gemenskap
Diversidade	Mångfald
Espécies	Art
Indígena	Inhemsk
Insetos	Insekter
Mamíferos	Däggdjur
Musgo	Mossa
Natureza	Natur
Nuvens	Moln
Pássaros	Fåglar
Preservação	Bevarande
Refúgio	Tillflykt
Respeito	Respekt
Restauração	Restaurering
Selva	Djungel
Sobrevivência	Överlevnad
Valioso	Värdefull

Força e Gravidade
Kraft och Gravitation

Atrito	Friktion
Centro	Centrum
Descoberta	Upptäckt
Dinâmico	Dynamisk
Distância	Avstånd
Eixo	Axel
Expansão	Expansion
Física	Fysik
Impacto	Effekt
Magnetismo	Magnetism
Magnitude	Magnitud
Mecânica	Mekanik
Órbita	Omloppsbana
Peso	Vikt
Planetas	Planeter
Pressão	Tryck
Propriedades	Egenskaper
Rapidez	Hastighet
Tempo	Tid
Universal	Universell

Formas
Former

Arco	Båge
Canto	Hörn
Cilindro	Cylinder
Círculo	Cirkel
Cone	Kon
Cubo	Kub
Curva	Kurva
Elipse	Ellips
Esfera	Sfär
Hipérbole	Hyperbel
Lado	Sida
Linha	Linje
Oval	Oval
Pirâmide	Pyramid
Polígono	Polygon
Prisma	Prisma
Quadrado	Torg
Retângulo	Rektangel
Triângulo	Triangel

Frutas
Frukt

Abacate	Avokado
Abacaxi	Ananas
Amora	Björnbär
Baga	Bär
Banana	Banan
Cereja	Körsbär
Coco	Kokos
Damasco	Aprikos
Figo	Fikon
Framboesa	Hallon
Kiwi	Kiwi
Laranja	Apelsin
Limão	Citron
Maçã	Äpple
Mamão	Papaya
Manga	Mango
Nectarina	Nektarin
Pera	Päron
Pêssego	Persika
Uva	Druva

Geografia
Geografi

Altitude	Höjd
Atlas	Atlas
Cidade	Stad
Continente	Kontinent
Hemisfério	Halvklot
Ilha	Ö
Latitude	Breddgrad
Longitude	Longitud
Mapa	Karta
Mar	Hav
Meridiano	Meridian
Montanha	Berg
Mundo	Värld
Norte	Norr
Oeste	Väst
País	Land
Região	Område
Rio	Flod
Sul	Söder
Território	Territorium

Geologia
Geologi

Ácido	Syra
Camada	Lager
Caverna	Grotta
Cálcio	Kalcium
Continente	Kontinent
Coral	Korall
Cristais	Kristaller
Erosão	Erosion
Estalactite	Stalaktit
Estalagmites	Stalagmiter
Fóssil	Fossil
Lava	Lava
Minerais	Mineraler
Pedra	Sten
Platô	Platå
Quartzo	Kvarts
Sal	Salt
Terremoto	Jordbävning
Vulcão	Vulkan
Zona	Zon

Geometria
Geometri

Altura	Höjd
Ângulo	Vinkel
Cálculo	Beräkning
Círculo	Cirkel
Curva	Kurva
Diâmetro	Diameter
Dimensão	Dimension
Equação	Ekvation
Horizontal	Horisontell
Lógica	Logik
Massa	Massa
Mediana	Median
Paralelo	Parallell
Proporção	Andel
Segmento	Segment
Simetria	Symmetri
Superfície	Yta
Teoria	Teori
Triângulo	Triangel
Vertical	Vertikal

Governo
Regeringen

Cidadania	Medborgarskap
Civil	Civil
Constituição	Konstitution
Democracia	Demokrati
Discurso	Tal
Discussão	Diskussion
Distrito	Distrikt
Estado	Stat
Igualdade	Jämlikhet
Independência	Oberoende
Judicial	Rättslig
Justiça	Rättvisa
Lei	Lag
Liberdade	Frihet
Líder	Ledare
Monumento	Monument
Nacional	Nationell
Nação	Nation
Política	Politik
Símbolo	Symbol

Herbalismo
Herbalism

Açafrão	Saffran
Alecrim	Rosmarin
Alho	Vitlök
Aromático	Aromatisk
Benéfico	Välgörande
Coentro	Koriander
Estragão	Dragon
Flor	Blomma
Funcho	Fänkål
Ingrediente	Ingrediens
Jardim	Trädgård
Lavanda	Lavendel
Manjericão	Basilika
Manjerona	Mejram
Planta	Växt
Qualidade	Kvalitet
Sabor	Smak
Salsa	Persilja
Tomilho	Timjan
Verde	Grön

Instrumentos Musicais
Musikinstrument

Bandolim	Mandolin
Banjo	Banjo
Clarinete	Klarinett
Fagote	Fagott
Flauta	Flöjt
Gaita	Munspel
Gongo	Gong
Harpa	Harpa
Marimba	Marimba
Oboé	Oboe
Pandeiro	Tamburin
Percussão	Slagverk
Piano	Piano
Saxofone	Saxofon
Tambor	Trumma
Trombone	Trombon
Trompete	Trumpet
Violão	Gitarr
Violino	Fiol
Violoncelo	Cello

Jardim
Trädgård

Ancinho	Räfsa
Arbusto	Buske
Árvore	Träd
Banco	Bänk
Cerca	Staket
Flor	Blomma
Garagem	Garage
Grama	Gräs
Gramado	Gräsmatta
Jardim	Trädgård
Lagoa	Damm
Maca	Hängmatta
Mangueira	Slang
Pá	Skyffel
Pomar	Fruktträdgård
Solo	Jord
Terraço	Terrass
Trampolim	Trampolin
Varanda	Veranda
Videira	Vin

Jardinagem
Trädgårdsarbete

Água	Vatten
Botânico	Botanisk
Buquê	Bukett
Clima	Klimat
Comestível	Ätlig
Composto	Kompost
Espécies	Art
Exótico	Exotisk
Flor	Blomma
Floral	Blommig
Folha	Blad
Folhagem	Lövverk
Mangueira	Slang
Pomar	Fruktträdgård
Recipiente	Behållare
Sementes	Frön
Solo	Jord
Sujeira	Smuts
Umidade	Fukt

Jazz
Jazz

Artista	Konstnär
Álbum	Album
Bateria	Trummor
Canção	Låt
Compositor	Kompositör
Concerto	Konsert
Estilo	Stil
Ênfase	Betoning
Famoso	Känd
Favoritos	Favoriter
Gênero	Genre
Improvisação	Improvisation
Influências	Influenser
Música	Musik
Novo	Ny
Orquestra	Orkester
Ritmo	Rytm
Talento	Talang
Técnica	Teknik
Velho	Gammal

Literatura
Litteratur

Analogia	Analogi
Análise	Analys
Anedota	Anekdot
Autor	Författare
Biografia	Biografi
Comparação	Jämförelse
Conclusão	Slutsats
Descrição	Beskrivning
Diálogo	Dialog
Estilo	Stil
Metáfora	Metafor
Narrador	Berättare
Opinião	Åsikt
Poema	Dikt
Poético	Poetisk
Rima	Rim
Ritmo	Rytm
Romance	Roman
Tema	Tema
Tragédia	Tragedi

Livros
Böcker

Autor	Författare
Aventura	Äventyr
Coleção	Samling
Contexto	Sammanhang
Dualidade	Dualitet
Escrito	Skrivs
Épico	Episk
História	Berättelse
Histórico	Historisk
Leitor	Läsare
Literário	Litterär
Narrador	Berättare
Página	Sida
Personagem	Karaktär
Poema	Dikt
Poesia	Poesi
Relevante	Relevant
Romance	Roman
Série	Rad
Trágico	Tragisk

Mamíferos
Däggdjur

Baleia	Val
Camelo	Kamel
Canguru	Känguru
Castor	Bäver
Cavalo	Häst
Cão	Hund
Coelho	Kanin
Coiote	Prärievarg
Elefante	Elefant
Gato	Katt
Girafa	Giraff
Golfinho	Delfin
Gorila	Gorilla
Leão	Lejon
Lobo	Varg
Macaco	Apa
Ovelha	Får
Raposa	Räv
Touro	Tjur
Zebra	Zebra

Matemática
Matematik

Aritmética	Aritmetisk
Ângulos	Vinklar
Circunferência	Omkrets
Decimal	Decimal
Diâmetro	Diameter
Equação	Ekvation
Expoente	Exponent
Fração	Fraktion
Geometria	Geometri
Números	Tal
Paralelo	Parallell
Perpendicular	Vinkelrät
Polígono	Polygon
Quadrado	Torg
Raio	Radie
Retângulo	Rektangel
Simetria	Symmetri
Soma	Summa
Triângulo	Triangel
Volume	Volym

Material de Arte
Konstmaterial

Acrílico	Akryl
Apagador	Suddgummi
Aquarelas	Akvareller
Argila	Lera
Água	Vatten
Cadeira	Stol
Carvão	Träkol
Cavalete	Staffli
Câmera	Kamera
Cola	Lim
Cores	Färger
Criatividade	Kreativitet
Escovas	Borstar
Lápis	Pennor
Mesa	Tabell
Óleo	Olja
Papel	Papper
Tinta	Bläck
Tintas	Färg

Medições
Mått

Altura	Höjd
Byte	Byte
Centímetro	Centimeter
Comprimento	Längd
Decimal	Decimal
Grama	Gram
Grau	Grad
Largura	Bredd
Litro	Liter
Massa	Massa
Metro	Meter
Minuto	Minut
Onça	Uns
Peso	Vikt
Polegada	Tum
Profundidade	Djup
Quilograma	Kilogram
Quilômetro	Kilometer
Tonelada	Ton
Volume	Volym

Meditação
Meditation

Aceitação	Godkännande
Acordado	Vaken
Atenção	Uppmärksamhet
Bondade	Vänlighet
Clareza	Klarhet
Compaixão	Medkänsla
Emoções	Känslor
Gratidão	Tacksamhet
Hábitos	Vanor
Mental	Psykisk
Mente	Sinne
Movimento	Rörelse
Música	Musik
Natureza	Natur
Observação	Observation
Paz	Fred
Pensamentos	Tankar
Perspectiva	Perspektiv
Postura	Hållning
Silêncio	Tystnad

Mitologia
Mytologi

Arquétipo	Arketyp
Ciúmes	Svartsjuka
Comportamento	Beteende
Criação	Skapande
Criatura	Varelse
Cultura	Kultur
Desastre	Katastrof
Força	Styrka
Guerreiro	Krigare
Heroína	Hjältinna
Herói	Hjälte
Imortalidade	Odödlighet
Labirinto	Labyrint
Lenda	Legend
Mágico	Magisk
Monstro	Monster
Mortal	Dödlig
Relâmpago	Blixt
Trovão	Åska
Vingança	Hämnd

Moda
Mode

Acessível	Prisvärd
Bordado	Broderi
Botões	Knappar
Boutique	Boutique
Caro	Dyr
Confortável	Bekväm
Elegante	Elegant
Estilo	Stil
Medidas	Mätningar
Minimalista	Minimalistisk
Moderno	Modern
Modesto	Blygsam
Original	Original
Prático	Praktisk
Renda	Spets
Roupa	Kläder
Simples	Enkel
Tecido	Tyg
Tendência	Trend
Textura	Textur

Música
Musik

Álbum	Album
Balada	Ballad
Cantar	Sjunga
Cantor	Sångare
Clássico	Klassisk
Coro	Kör
Gravação	Inspelning
Harmonia	Harmoni
Improvisar	Improvisera
Instrumento	Instrument
Lírico	Lyrisk
Melodia	Melodi
Microfone	Mikrofon
Musical	Musikalisk
Músico	Musiker
Ópera	Opera
Poético	Poetisk
Ritmo	Rytm
Tempo	Tempo
Vocal	Sång

Natureza
Natur

Abelhas	Bin
Abrigo	Skydd
Animais	Djur
Ártico	Arktisk
Beleza	Skönhet
Deserto	Öken
Dinâmico	Dynamisk
Erosão	Erosion
Floresta	Skog
Folhagem	Lövverk
Geleira	Glaciär
Nevoeiro	Dimma
Nuvens	Moln
Pacífico	Fredlig
Rio	Flod
Santuário	Fristad
Selvagem	Vild
Sereno	Lugn
Tropical	Tropisk
Vital	Avgörande

Negócios
Företag

Carreira	Karriär
Custo	Kosta
Desconto	Rabatt
Dinheiro	Pengar
Economia	Ekonomi
Empregado	Anställd
Empregador	Arbetsgivare
Empresa	Företag
Escritório	Kontor
Fábrica	Fabrik
Finança	Finans
Impostos	Skatter
Investimento	Investering
Loja	Butik
Lucro	Vinst
Mercadoria	Varor
Moeda	Valuta
Orçamento	Budget
Rendimento	Inkomst
Venda	Försäljning

Nutrição
Näring

Amargo	Bitter
Apetite	Aptit
Calorias	Kalorier
Carboidratos	Kolhydrater
Comestível	Ätlig
Dieta	Kost
Digestão	Matsmältning
Equilibrado	Balanserad
Fermentação	Jäsning
Líquidos	Vätskor
Molho	Sås
Nutriente	Näringsämne
Peso	Vikt
Proteínas	Proteiner
Qualidade	Kvalitet
Sabor	Smak
Saudável	Friska
Saúde	Hälsa
Toxina	Toxin
Vitamina	Vitamin

Números
Nummer

Cinco	Fem
Decimal	Decimal
Dez	Tio
Dezesseis	Sexton
Dezessete	Sjutton
Dezoito	Arton
Dois	Två
Doze	Tolv
Nove	Nio
Oito	Åtta
Quatorze	Fjorton
Quatro	Fyra
Quinze	Femton
Seis	Sex
Sete	Sju
Treze	Tretton
Três	Tre
Um	Ett
Vinte	Tjugo
Zero	Noll

Oceano
Hav

Alga	Alger
Atum	Tonfisk
Baleia	Val
Barco	Båt
Camarão	Räka
Caranguejo	Krabba
Coral	Korall
Enguia	Ål
Esponja	Svamp
Golfinho	Delfin
Marés	Tidvatten
Medusa	Manet
Ostra	Ostron
Peixe	Fisk
Polvo	Bläckfisk
Recife	Rev
Sal	Salt
Tartaruga	Sköldpadda
Tempestade	Storm
Tubarão	Haj

Paisagens
Landskap

Cascata	Vattenfall
Caverna	Grotta
Colina	Kulle
Deserto	Öken
Enseada	Vik
Geleira	Glaciär
Golfo	Golf
Iceberg	Isberg
Ilha	Ö
Lago	Sjö
Mar	Hav
Montanha	Berg
Oásis	Oas
Pântano	Träsk
Península	Halvö
Praia	Strand
Rio	Flod
Tundra	Tundra
Vale	Dal
Vulcão	Vulkan

Países #1
Länder #1

Alemanha	Tyskland
Brasil	Brasilien
Camboja	Kambodja
Canadá	Kanada
Egito	Egypten
Equador	Ecuador
Espanha	Spanien
Finlândia	Finland
Iraque	Irak
Israel	Israel
Itália	Italien
Índia	Indien
Mali	Mali
Marrocos	Marocko
Nicarágua	Nicaragua
Noruega	Norge
Panamá	Panama
Polônia	Polen
Senegal	Senegal
Venezuela	Venezuela

Países #2
Länder #2

Albânia	Albanien
Dinamarca	Danmark
França	Frankrike
Grécia	Grekland
Haiti	Haiti
Indonésia	Indonesien
Irlanda	Irland
Jamaica	Jamaica
Japão	Japan
Laos	Laos
Líbano	Libanon
México	Mexico
Nepal	Nepal
Nigéria	Nigeria
Paquistão	Pakistan
Rússia	Ryssland
Síria	Syrien
Somália	Somalia
Ucrânia	Ukraina
Uganda	Uganda

Pássaros
Fåglar

Avestruz	Struts
Águia	Örn
Cegonha	Stork
Cisne	Svan
Corvo	Kråka
Cuco	Gök
Flamingo	Flamingo
Frango	Kyckling
Gaivota	Mås
Ganso	Gås
Garça	Häger
Ovo	Ägg
Papagaio	Papegoja
Pardal	Sparv
Pato	Anka
Pavão	Påfågel
Pelicano	Pelikan
Pinguim	Pingvin
Pombo	Duva
Tucano	Toucan

Pesca
Fiske

Água	Vatten
Barbatanas	Fenor
Barco	Båt
Brânquias	Gälar
Cesta	Korg
Cozinhar	Kock
Equipamento	Utrustning
Exagero	Överdrift
Fio	Tråd
Gancho	Krok
Isca	Bete
Lago	Sjö
Mandíbula	Käke
Oceano	Hav
Paciência	Tålamod
Peso	Vikt
Praia	Strand
Rio	Flod
Temporada	Säsong

Plantas
Växter

Arbusto	Buske
Árvore	Träd
Baga	Bär
Bambu	Bambu
Botânica	Botanik
Cacto	Kaktus
Erva	Ört
Feijão	Böna
Fertilizante	Gödsel
Flor	Blomma
Flora	Flora
Floresta	Skog
Folhagem	Lövverk
Grama	Gräs
Hera	Murgröna
Jardim	Trädgård
Musgo	Mossa
Pétala	Kronblad
Raiz	Rot
Vegetação	Vegetation

Profissões #1
Yrken # 1

Advogado	Advokat
Artista	Konstnär
Astrônomo	Astronom
Banqueiro	Bankir
Bombeiro	Brandman
Caçador	Jägare
Cartógrafo	Kartograf
Cientista	Forskare
Dançarino	Dansare
Editor	Redaktör
Embaixador	Ambassadör
Encanador	Rörmokare
Enfermeira	Sjuksköterska
Geólogo	Geolog
Joalheiro	Juvelerare
Marinheiro	Sjöman
Músico	Musiker
Pianista	Pianist
Psicólogo	Psykolog
Veterinário	Veterinär

Profissões #2
Yrken # 2

Agricultor	Bonde
Astronauta	Astronaut
Bibliotecário	Bibliotekarie
Biólogo	Biolog
Cirurgião	Kirurg
Dentista	Tandläkare
Detetive	Detektiv
Engenheiro	Ingenjör
Filósofo	Filosof
Fotógrafo	Fotograf
Ilustrador	Illustratör
Inventor	Uppfinnare
Investigador	Forskare
Jornalista	Journalist
Linguista	Lingvist
Médico	Läkare
Piloto	Pilot
Pintor	Målare
Professor	Lärare
Zoólogo	Zoolog

Psicologia
Psykologi

Avaliação	Bedömning
Clínico	Klinisk
Comportamento	Beteende
Compromisso	Utnämning
Conflito	Konflikt
Ego	Ego
Emoções	Känslor
Experiências	Erfarenheter
Inconsciente	Medvetslös
Infância	Barndom
Influências	Influenser
Pensamentos	Tankar
Percepção	Uppfattning
Personalidade	Personlighet
Problema	Problem
Realidade	Verklighet
Sensação	Känsla
Sonhos	Drömmar
Subconsciente	Undermedvetna
Terapia	Terapi

Química
Kemi

Alcalino	Alkalisk
Ácido	Syra
Calor	Värme
Carbono	Kol
Catalisador	Katalysator
Cloro	Klor
Elementos	Element
Elétron	Elektron
Enzima	Enzym
Gás	Gas
Hidrogênio	Väte
Íon	Jon
Líquido	Vätska
Molécula	Molekyl
Nuclear	Kärnkraft
Orgânico	Organisk
Oxigénio	Syre
Peso	Vikt
Sal	Salt
Temperatura	Temperatur

Restaurante # 2
Restaurang nr 2

Almoço	Lunch
Água	Vatten
Bebida	Dryck
Bolo	Kaka
Cadeira	Stol
Colher	Sked
Delicioso	Läcker
Especiarias	Kryddor
Fruta	Frukt
Garçom	Servitör
Garfo	Gaffel
Gelo	Is
Jantar	Middag
Legumes	Grönsaker
Macarrão	Nudlar
Ovo	Ägg
Peixe	Fisk
Sal	Salt
Salada	Sallad
Sopa	Soppa

Roupas
Kläder

Avental	Förkläde
Blusa	Blus
Calça	Byxor
Camisa	Skjorta
Casaco	Päls
Chapéu	Hatt
Cinto	Bälte
Colar	Halsband
Jaqueta	Jacka
Jeans	Jeans
Luvas	Handskar
Meias	Strumpor
Moda	Mode
Pijama	Pyjamas
Pulseira	Armband
Saia	Kjol
Sandálias	Sandaler
Sapato	Sko
Suéter	Tröja
Vestido	Klänning

Saúde e Bem-Estar #1
Hälsa och Välbefinnande

Altura	Höjd
Ativo	Aktiv
Bactérias	Bakterie
Clínica	Klinik
Doutor	Läkare
Farmácia	Apotek
Fome	Hunger
Fratura	Fraktur
Hábito	Vana
Hormones	Hormoner
Medicina	Medicin
Nervos	Nerver
Ossos	Ben
Pele	Hud
Postura	Hållning
Reflexo	Reflex
Relaxamento	Avkoppling
Terapia	Terapi
Tratamento	Behandling
Vírus	Virus

Saúde e Bem-Estar #2
Hälsa och Välbefinnande

Alergia	Allergi
Anatomia	Anatomi
Apetite	Aptit
Caloria	Kalori
Corpo	Kropp
Dieta	Kost
Digestão	Matsmältning
Doença	Sjukdom
Energia	Energi
Genética	Genetik
Higiene	Hygien
Hospital	Sjukhus
Humor	Humör
Infecção	Infektion
Massagem	Massage
Peso	Vikt
Recuperação	Återhämtning
Sangue	Blod
Saudável	Friska
Vitamina	Vitamin

Tempo
Tid

Agora	Nu
Ano	År
Antes	Före
Anual	Årlig
Calendário	Kalender
Década	Årtionde
Dia	Dag
Futuro	Framtid
Hoje	Idag
Hora	Timme
Manhã	Morgon
Meio-Dia	Middag
Mês	Månad
Minuto	Minut
Momento	Ögonblick
Noite	Natt
Ontem	Igår
Relógio	Klocka
Semana	Vecka
Século	Århundrade

Tipos de Cabelo
Hårtyper

Branco	Vit
Brilhante	Skinande
Cachos	Lockar
Careca	Skallig
Cinza	Grå
Colori	Färgad
Encaracolado	Lockigt
Fino	Tunn
Grosso	Tjock
Loiro	Blond
Longo	Lång
Marrom	Brun
Ondulado	Vågig
Prata	Silver
Preto	Svart
Saudável	Friska
Seco	Torr
Suave	Mjuk
Trançado	Flätad
Tranças	Flätor

Universo
Universum

Asteróide	Asteroid
Astronomia	Astronomi
Astrônomo	Astronom
Atmosfera	Atmosfär
Celestial	Himmelsk
Céu	Himmel
Cósmico	Kosmisk
Equador	Ekvator
Galáxia	Galax
Hemisfério	Halvklot
Horizonte	Horisont
Latitude	Breddgrad
Longitude	Longitud
Lua	Måne
Órbita	Omloppsbana
Solar	Sol
Solstício	Solstånd
Telescópio	Teleskop
Visível	Synlig
Zodíaco	Djurkretsen

Vegetais
Grönsaker

Abóbora	Pumpa
Aipo	Selleri
Alcachofra	Kronärtskocka
Alho	Vitlök
Batata	Potatis
Beringela	Äggplanta
Brócolis	Broccoli
Cebola	Lök
Cenoura	Morot
Chalota	Schalottenlök
Cogumelo	Svamp
Ervilha	Ärta
Espinafre	Spenat
Gengibre	Ingefära
Nabo	Rova
Pepino	Gurka
Rabanete	Rädisa
Salada	Sallad
Salsa	Persilja
Tomate	Tomat

Veículos
Fordon

Ambulância	Ambulans
Avião	Flygplan
Balsa	Färja
Barco	Båt
Bicicleta	Cykel
Caminhão	Lastbil
Caravana	Husvagn
Carro	Bil
Foguete	Raket
Helicóptero	Helikopter
Jangada	Flotte
Lambreta	Skoter
Metrô	Tunnelbana
Motor	Motor
Ônibus	Buss
Pneus	Däck
Submarino	Ubåt
Táxi	Taxi
Transporte	Skyttel
Trator	Traktor

Virtudes #1
Dygder #1

Apaixonado	Passionerad
Artístico	Konstnärlig
Bom	Bra
Confiante	Säker
Curioso	Nyfiken
Decisivo	Avgörande
Eficiente	Effektiv
Encantador	Charmig
Engraçado	Rolig
Generoso	Generös
Imaginativo	Fantasifull
Independente	Oberoende
Inteligente	Intelligent
Limpo	Ren
Modesto	Blygsam
Paciente	Patient
Prático	Praktisk
Sábio	Klok
Útil	Hjälpsam

Parabéns

Conseguiu!

Esperamos que tenha gostado tanto deste livro como nós gostamos de o desenhar. Esforçamo-nos por criar livros da mais alta qualidade possível.
Esta edição foi concebida para proporcionar uma aprendizagem inteligente, de qualidade e divertida!

Gostou deste livro?

Um simples pedido

Estes livros existem graças às críticas que publica.
Pode ajudar-nos, deixando agora uma revisão?

Aqui está um pequeno link para
a sua página de revisão:

BestBooksActivity.com/Avaliacoes50

DESAFIO FINAL!

Desafio n° 1

Está pronto para o seu jogo grátis? Usamo-los a toda a hora, mas não são tão fáceis de encontrar - aqui estão os **Sinônimos!**
Escreva 5 palavras que encontrou nos puzzles (n° 21, n° 36, n° 76) e tente encontrar 2 sinónimos para cada palavra.

*Escreva 5 palavras de **Puzzle 21***

Palavras	Sinônimo 1	Sinônimo 2

*Escreva 5 palavras de **Puzzle 36***

Palavras	Sinônimo 1	Sinônimo 2

*Escreva 5 palavras de **Puzzle 76***

Palavras	Sinônimo 1	Sinônimo 2

Desafio n° 2

Agora que já aqueceu, escreva 5 palavras que encontrou nos Puzzles (n° 9, n° 17 e n° 25) e tente encontrar 2 antônimos para cada palavra. Quantos se podem encontrar em 20 minutos?

Escreva 5 palavras de **Puzzle 9**

Palavras	Antônimo 1	Antônimo 2

Escreva 5 palavras de **Puzzle 17**

Palavras	Antônimo 1	Antônimo 2

Escreva 5 palavras de **Puzzle 25**

Palavras	Antônimo 1	Antônimo 2

Desafio nº 3

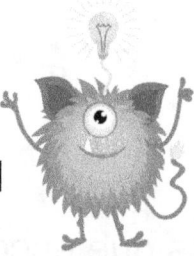

Óptimo! Este desafio final não é nada para si.

Pronto para o desafio final? Escolha 10 palavras que tenha descoberto nos diferentes puzzles e escreva-as abaixo.

1.	6.
2.	7.
3.	8.
4.	9.
5.	10.

Agora escreva um texto a pensar numa pessoa, num animal ou num lugar de seu agrado.

Pode utilizar a última página deste livro como um rascunho.

A Sua Composição:

CADERNO DE NOTAS:

ATÉ BREVE!

A equipa Inteira

DESCUBRA JOGOS GRATUITOS

GO

↓

BESTACTIVITYBOOKS.COM/FREEGAMES